HISTÓRIA
DIVERTIDA

Editora Appris Ltda.
1.ª Edição - Copyright© 2024 do autor
Direitos de Edição Reservados à Editora Appris Ltda.

Nenhuma parte desta obra poderá ser utilizada indevidamente, sem estar de acordo com a Lei nº 9.610/98. Se incorreções forem encontradas, serão de exclusiva responsabilidade de seus organizadores. Foi realizado o Depósito Legal na Fundação Biblioteca Nacional, de acordo com as Leis nos 10.994, de 14/12/2004, e 12.192, de 14/01/2010.

Catalogação na Fonte
Elaborado por: Dayanne Leal Souza
Bibliotecária CRB 9/2162

C251h	Capra, Ronaldo História divertida / Ronaldo Capra. – 1. ed. – Curitiba: Appris, 2024. 88 p. : il. ; 21 cm. Inclui referências. ISBN 978-65-250-6352-2 1. Várias histórias 2. Humor. 3. Comédias. I. Capra, Ronaldo. II. Título. CDD – 808.87

Appris editora

Editora e Livraria Appris Ltda.
Av. Manoel Ribas, 2265 – Mercês
Curitiba/PR – CEP: 80810-002
Tel. (41) 3156 - 4731
www.editoraappris.com.br

Printed in Brazil
Impresso no Brasil

RONALDO CAPRA

HISTÓRIA
DIVERTIDA

Curitiba, PR
2024

FICHA TÉCNICA

EDITORIAL	Augusto Coelho
	Sara C. de Andrade Coelho
COMITÊ EDITORIAL	Marli Caetano
	Andréa Barbosa Gouveia (UFPR)
	Edmeire C. Pereira (UFPR)
	Iraneide da Silva (UFC)
	Jacques de Lima Ferreira (UP)
SUPERVISOR DA PRODUÇÃO	Renata Cristina Lopes Miccelli
PRODUÇÃO EDITORIAL	Bruna Holmen
REVISÃO	Katine Walmrath
DIAGRAMAÇÃO	Ana Beatriz Fonseca
CAPA	Carlos Pereira
REVISÃO DE PROVA	Sabrina Costa

Aos meus falecidos pais, Oberdan e Lourdes.

AGRADECIMENTOS

Muita gente foi importante durante todo o caminho até que este livro fosse lançado. Pessoas que, em algum momento, desde a criação do blog e depois na página do Facebook — História Divertida — contribuíram com sugestões, críticas, revisões, comentários, divulgação, likes, palavras de incentivo ou um simples sorriso que me impulsionaram a continuar.

Agradeço à minha mulher, Ângela, às minhas filhas, Bruna e Beatriz, ao Róbson Bueno Pontes, à Márcia Rosane Galdino, ao Paulo Roberto Ligeiro, ao Aldair Mendes Vieira, ao Matheus Silva, ao Paulo Roberto (Poji), ao casal Andrey e Beatriz Nasser, à Juliana Pires Pacheco, ao Válter Rufino, ao Felipe Fiorin, ao Pastor Flabenilto e a todos os seguidores e amigos do blog e do Facebook.

*A vida é muito curta para ser pequena.
É preciso engrandecê-la.*

(Benjamin Disraeli)

PREFÁCIO

Bem-vindo ao mundo de *História Divertida*, um livro que promete guiá-lo a uma jornada de diversão e risadas sem fim. Escrito pelo autor Ronaldo Capra, esta obra é mais do que apenas uma coleção de histórias engraçadas; é um convite para explorar o lado mais leve da vida e mergulhar em aventuras repletas de humor e aprendizado.

Com sua escrita envolvente, Capra nos transporta aos momentos mais marcantes da História, reinterpretando-os de uma maneira totalmente nova e divertida. Então, prepare-se para deixar as preocupações de lado, abrir sua mente para o inesperado e se perder nas páginas deste livro.

Que sua leitura seja tão divertida quanto a escrita foi para o autor, e que você termine esta jornada com um sorriso no rosto e uma nova perspectiva sobre a História.

Bruna Capra
Administradora de empresas e filha do autor

SUMÁRIO

1
O CONDE DRÁCULA REALMENTE EXISTIU?.................................. 15

2
VIKINGS: QUEM ERAM? COMO VIVIAM?
O QUE COMIAM?.. 17

3
QUE BICHO TE MORDEU, CLEÓPATRA?...................................... 19

4
A REVOLUÇÃO INDUSTRIAL FOI MESMO
UMA REVOLUÇÃO?.. 21

5
OS GLADIADORES LUTAVAM MMA?.. 23

6
COMO MORREU DINO? 26

7
NÃO VOU! NÃO VOLTO! FICO!.. 28

8
JOANA D'ARC FOI UMA BRUXA?.. 30

9
QUEM FOI O MAIOR CONQUISTADOR
DE TODOS OS TEMPOS?... 33

10
LARGADOS E PELADOS... NA PRÉ-HISTÓRIA! 36

11
QUEM FOI SÓCRATES? 39

12
QUEM CONSTRUIU AS PIRÂMIDES DO EGITO? 42

13
QUAL MÚSICO FEZ UM PACTO COM O DIABO? 45

14
QUEM BOTOU FOGO EM ROMA? 48

15
QUEM INVENTOU O AVIÃO? 51

16
VOCÊ JÁ GANHOU UM PRESENTE DE GREGO? 53

17
SAMURAI NEGRO? FATO OU FAKE? 56

18
QUAL A COR DO CAVALO BRANCO DE NAPOLEÃO? 59

19
FREUD SÓ PENSAVA EM SEXO? 61

20
A GUERRA DOS GATOS 63

21
ONDE FICA O QUINTO DOS INFERNOS? 65

22
ALEXANDRE ERA MESMO GRANDE?... 67

23
TODOS OS CAMINHOS LEVAM A ROMA?.................................... 70

24
QUEM FOI O HOMEM MAIS RICO
DE TODOS OS TEMPOS?.. 72

25
POR QUE VAN GOGH CORTOU A ORELHA?................................ 74

26
FOI UM CHINÊS QUE DESCOBRIU O BRASIL?............................ 76

27
PROFISSÃO: EUNUCO... 79

28
QUEM ERA CHAMADO DE FLAGELO DE DEUS?........................ 81

29
POR QUE A ESFINGE DE GIZÉ NÃO TEM NARIZ?...................... 84

30
COMO SURGIU O BIG BROTHER?... 86

REFERÊNCIAS 88

1

O Conde Drácula realmente existiu?

Se você respondeu que sim, acertou na mosca, melhor dizendo, no morcego. Ele era um príncipe e guerreiro impiedoso chamado Vlad III (1431–1476). Nascido na região da Transilvânia (na atual Romênia), assumiu o trono da Valáquia, que fica ao sul dos alpes transilvanos, aos 28 anos.

Pra defender o seu reino, matou mais de 40 mil turco-otomanos. O cara era sanguinário: a maioria dos seus inimigos foi empalada viva — uma estaca era introduzida no ânus e transpassada até o tórax, deixando a vítima agonizando por várias horas. Vai ser ruim assim lá na Valáquia! Por causa disso, passou a ser conhecido como Empalador.

Outra atrocidade cometida pelo monstro era enterrar gente viva como punição. Terrível. Diz-se que certa vez o bruto teria deixado uma moeda de ouro no meio de uma cidade, porém ninguém ousou roubar a moeda durante o seu reinado. Também...

Agora, pra acabar, porque senão ninguém dorme depois de ler. O cramulhão teria convidado os seus inimigos políticos pra um banquete e, durante o rega-bofe, seus soldados invadiram o local e empalaram todos. Reza a lenda que ele bebeu o sangue dos caras... *Vade retro*!

O nome "Drácula" foi aplicado a ele ainda em vida e significa "filho dos dragões". Mas não há nenhum parentesco entre ele e a Daenerys Targaryen da série *Game of Thrones*, tá? A origem do nome vem do seu pai, Vlad Dracul, que pertencia a uma irmandade cristã, a Ordem do Dragão, dedicada a combater os turcos. É bom saber que o vampirão é considerado um herói nacional por lá, justamente por ter livrado o seu país do avanço do Império Otomano.

Uma testemunha ocular relatou que, depois dessas duras batalhas, o dentuço ia pro seu castelo e tomava uma taça de vinho tinto antes de descansar o esqueleto dentro de um caixão. Espera aí! Tem alguma coisa errada nessa história... Vinho tinto?!

Não se sabe exatamente como o tal do Vlad Jr. morreu, mas acredita-se que foi assassinado: há especulações de que teria sido decapitado após uma batalha contra os velhos rivais muçulmanos. E onde foi enterrado? Ninguém sabe, ninguém viu.

O escritor irlandês Bram Stoker ficou fascinado com a história desse soberano implacável e baseou-se nele para criar a figura do Conde Drácula, que se tornaria o sanguessuga mais popular do planeta em todos os tempos.

Agora, quando você assistir a uma série sobre vampiros na Netflix, já sabe como surgiu a lenda.

2

VIKINGS: QUEM ERAM? COMO VIVIAM? O QUE COMIAM?

Você já deve ter visto a imagem de um sujeito usando um capacete com chifres, né? Não, meu amigo, não estou falando do seu cunhado. Estou falando dos vikings!

Os vikings foram um povo de camponeses e pescadores que viveu no norte da Europa, onde hoje ficam a Dinamarca, a Suécia e a Noruega. Já essa questão dos chifres... eles até podem ter usado esse ornamento em cerimônias religiosas, mas tudo indica que nas batalhas esse troço pesado na cabeça não ia dar muito certo.

E eles batalhavam pra caramba! Quem assistiu à série *Vikings* da Netflix viu que os caras eram brutais. Eles invadiram a Inglaterra no ano de 793 e fizeram barba, cabelo e bigode por lá: roubaram, estupraram e raptaram as mulheres, destruíram igrejas e casas. Cruel! E também barbarizaram Irlanda, França, Rússia... Isso tudo é verdade, mas eles não foram somente esses fdp sanguinários.

Eles também eram exploradores e tinham grande habilidade para o comércio e a navegação. Aliás, esse povo era ninja em construir barcos e essa especialidade deles foi que contribuiu pra que explorassem outras regiões, inclusive a América.

O quê? Tá maluco, Ronaldão? Já sei, você deve estar falando que eu pirei na batatinha, que quem descobriu a América foi o Cristóvão Colombo, o cara que colocou o ovo em pé e tal. Bom, quando eu estava na escola também não tinha ouvido falar nisso, mas descobertas recentes indicam que os chifrudos estiveram lá primeiro.

Foi assim... Estavam passando um aperreio lá na Escandinávia (região daqueles países que falei antes), aí saíram à procura de recursos em outras terras. Primeiro chegaram às ilhas próximas. Depois navegaram mais um pouco e chegaram à Islândia. Depois Groenlândia. Daí pensaram: "Já que viemos até aqui, por que não descobrimos a América?". Na verdade, se você olhar no mapa-múndi vai ver que da Groenlândia pro Canadá é um pulo.

Lembrando que nem o Amyr Klink e o Torben Grael seriam páreos pra esses caras no quesito navegação, não dá pra duvidar que tenham chegado mesmo. E há vários vestígios arqueológicos que confirmam a presença viking na região uns 500 anos antes do Colombo.

Algumas situações que vemos em séries e filmes e que não têm comprovação histórica são: usavam o sol como bússola para se guiar no oceano; eram parentes do Cascão e do Capitão Feio, ou seja, eram imundos; bebiam a sua cachacinha (hidromel) dentro do crânio dos inimigos derrotados.

Esta aqui é pra sessão curiosidades sem nenhuma relevância: dizem que esses caras comiam somente duas vezes por dia, sendo a primeira refeição logo após acordarem, também conhecida como café da manhã. Depois só iam papar à noite. Putz, eu não serviria pra ser viking.

Quanto à religião, esse povo era politeísta (cultuavam vários deuses). Você que é fã de quadrinhos e filmes de super-heróis já deve saber que o deus mais popular e adorado por esse povo era o Thor, o cara que quando usava seu martelo provocava raios e trovões. Farvel*!

*De acordo com o Dicionário CAPRA — Línguas Nórdicas / Português, edição de 1984 — única e esgotada (não adianta procurar), em dinamarquês e norueguês a palavra "farvel" quer dizer adeus ou, mais popularmente, tchau.

3

QUE BICHO TE MORDEU, CLEÓPATRA?

Eu sei que você está curioso pra saber a resposta, mas eu só vou decifrar esse mistério no final. Contenha a sua ansiedade, pois ainda tem muita água pra rolar debaixo da ponte do rio Nilo.

Pra começar vou citar o ditado popular "beleza não põe a mesa", pois cai como uma luva pra essa rainha do Egito. Pelo menos pelos padrões de beleza atuais, ela não era nenhuma modelo. Porém, era inteligente e culta pra caramba — dizem que falava até 12 línguas! Eu só falo "brasileiro" e olhe lá.

A "beldade" era um poço de conhecimento: tinha muito interesse em ciências e literatura, e aos 14 anos formou-se em retórica, a arte de falar bem — no debate eleitoral egípcio não tinha pra ninguém.

E vaidosíssima: adorava maquiagem e cuidava da pele e cabelos (as fofoqueiras de plantão falam que ela usava peruca — era careca por causa das epidemias de piolhos). E também era um luxo só: costumava apresentar-se em público montada em joias de ouro e pedras preciosas. Tem mais: era muito perfumosa!

Agora, feia ou bonita, no quesito simpatia era nota 10! Encantava todos os diplomatas que tinham contato com ela. Além disso, era uma sedutora nata: chegou a conquistar o general romano Júlio César, que era o homem mais poderoso do mundo naquela época.

Esse encontro com o chefão romano merece ser contado: Cleópatra disputava o trono com seu irmão Ptolomeu, mas estava perdendo a briga — foi afastada — e aí fez uma jogada de mestre.

Aproveitando que o tal do JC estava de passagem pelo Egito, a garota (tinha 21 anos) deu um jeitinho de se aproximar do homem. Como? Enviou um tapete de presente ao general cinquentão. Ao desenrolarem a peça, já dentro do quarto dele, sai a moça — livre, leve e solta...

Bom, não se sabe bem o que aconteceu lá, mas depois desse encontro a morte do irmãozinho querido não demorou muito. Esqueci de dizer que alguns meses depois disso a faraó apareceu grávida. Entendeu?

Então a Cleo (para os íntimos) ganhou o apoio dos súditos governando o Egito com uma economia que ia de vento em popa. Mas surgiu um probleminha: Júlio César foi assassinado em Roma. Ninguém se atrevia a se meter com ela tendo ele como amante. E agora?

A mulher era ligeira! Rapidinho ela engatou um romance com Marco Antônio. Quem? Era o sucessor do JC. A apresentação triunfal dos dois juntos bombou nas redes sociais e foi manchete de todos os jornais da época: do esquerdista *Papiro Popular* até o conservador *O Estado de Cairo*. Algum tempo depois... filhos... gêmeos.

Mas, apesar das aparências, ela não era nenhuma galinha. Não há registro confiável de que tenha tido outros envolvimentos amorosos. Júlio César foi provavelmente seu primeiro homem, e o Marcão, o segundo e último. Trair um dos dois seria caixão e vela preta pra ela.

Meus amigos, essa mulher era empoderada muito antes de inventarem essa palavra.

Já sei, estamos chegando ao fim e você quer saber a resposta do tal animal que a mordeu. Tá certo. Veja, o maridão tinha se suicidado após ter perdido a guerra. Dias depois, aos 39 anos, vendo que o seu reinado estava terminando, ela teria se deixado picar por uma cobra (taí o bicho). Na verdade, essa é a versão poética da história. O mais provável é que ela tenha tomado algum tipo de veneno. Com a sua morte chegou ao fim o império egípcio. E esta história também.

4

A REVOLUÇÃO INDUSTRIAL FOI MESMO UMA REVOLUÇÃO?

Claro, uai! Se o próprio nome já diz. Eita cabra mal-educado, né? Foi mal. Então vamos lá!

No início fez-se a máquina (a vapor). Esse é considerado o pontapé inicial da Revolução Industrial. Ou você já viu indústria sem máquina?

Até então, a maioria da galera vivia no campo. Sabe aquele seu parente que vive no interior, cria nuggets e trabalha na roça plantando e colhendo pipoca e catchup? Era isso. Também não tinha opção de trabalho na cidade.

Mas a situação mudou. A partir da segunda metade do século 18, portanto, depois de 1750, começaram a surgir as fábricas têxteis, isto é, as oficinas que fabricavam tecidos e roupas. Estamos falando da Inglaterra, que fique claro. Esse país era uma potência colonial, ou seja, havia vários outros países que estavam sob o seu domínio. Essas colônias (principalmente Índia e Estados Unidos) produziam a matéria-prima (a maioria era algodão) e enviavam pra metrópole (Inglaterra).

E lá na terra da rainha (do rei agora) e do Coldplay tinha uns caras cheios de grana... eram os burgueses. Esses carinhas tinham enchido o bolso de libras com o comércio ultramarino (além do oceano). Bom, saiu da Inglaterra praticamente tá no mar: o país só faz fronteira por terra com a Escócia e o País de Gales (essa eu pesquisei no Atlas Geográfico C.A.P.R.A.).

Assim, esses mauricinhos tinham capital pra investir em máquinas. Aí eles compravam as tais máquinas, colocavam num galpão... Faltavam os operários pra trabalhar? Bora pegar aqueles caipiras, pagar uma merreca e ganhar mais dinheiro. Negócio da China, ops, da Inglaterra.

Mas esses matutos não foram para as cidades por livre e espontânea vontade. Havia um movimento de migração dessas pessoas pros centros urbanos devido ao cercamento de terras pelos fazendeiros. A rocinha do caboclo virava pasto pra ovelha Dolly e pro Shaun Carneiro. Aí o John já gritava pra Mary: "Muié, pega os trem que nóis vai pra cidade, sô!".

E o troço era bom mesmo. Espia só: o algodão que os burguesinhos ingleses recebiam e transformavam em roupa nas suas fábricas era vendido sabe pra quem? Adivinha? Para as colônias. Prestenção: compro baratinho o algodão, transformo em roupa e vendo por uma fortuna pros manos que me venderam o mesmo algodão na promoção. Assim fica fácil.

Faltou dizer que os trabalhadores eram superexplorados nas fábricas. Homens, mulheres e crianças a partir de 6 anos davam duro por até 16 horas por dia em troca de um salário nanico. E os pequenos recebiam ainda menos que os adultos. Mas que burgueses filhos da irmã do Pluto!

Todos esses movimentos causaram profundas transformações no modo de produção, nas relações entre patrão e trabalhador, na maneira como o povão vivia. As cidades foram crescendo... tudo mudou. Por isso foi uma revolução.

É como cantavam os Titãs: "♪ Homem Primata, Capitalismo Selvagem ♪". O quê? Você nunca ouviu essa música? Nem sabe o que é Titãs? Olha o YouTube aí, geeeente!!!

5

OS GLADIADORES LUTAVAM MMA?

Não exatamente. Mas se vocês acham que essas lutas do UFC são sangrentas, pensem na seguinte situação: de um lado está o Anderson Silva com uma espada e do outro o Vítor Belfort com um tridente, prestes a se espetarem. Outra cena: o lutador Minotauro está aguardando o seu adversário no ringue e, de repente, surge um leão. Ai, meu Jesus!

Pois é desse jeitinho que eram os combates entre os gladiadores. Cruéis e sanguinários. Essas lutas foram comuns em Roma entre os séculos 3 a.C. e 4 d.C.

Só que esses caras não se batiam por dinheiro ou fama. Eles lutavam pela vida e pela liberdade. Não sei se você sabe, mas eles eram escravos. Quando o exército de Roma saía em campanha pra conquistar novos territórios, sempre voltava com prisioneiros de guerra. Os mais sarados eram escolhidos para ir pra briga. Mas também havia criminosos e endividados. Já imaginou? O carinha tá negativado no SPC da antiguidade e é acordado pela PM romana esmurrando a porta. Punição: lutar até a morte!

Dizem que esses desgraçados não levavam uma vida fácil, pois tinham que treinar pra caramba, geralmente contra a sua vontade. Mesmo assim, em comparação com os escravos comuns, não podiam reclamar: normalmente não eram acorrentados nem chicoteados. E iam pro pau somente umas três vezes por ano... se sobrevivessem.

Existiam vários locais onde esses brutamontes se enfrentavam, mas o Maracanã das arenas era o Coliseu. Era lá que os melhores se apresentavam. O povão delirava. E a elite também. Tanto que dois imperadores, Calígula e Commodus, até lutaram contra gladiadores. Você ganha um doce se adivinhar quem venceu.

A luta padrão era o mano a mano — um contra um. Mas existiam os guerreiros especializados em encarar animais como tigres, ursos, rinocerontes... Os romanos curtiam porque tinham a chance de conhecer animais raros. Pô, queriam ver bicho diferente, que fossem no zoológico. Ou metessem um documentário no YouTube. Né?

Mas esses brigões não saíam na porrada desarmados. Usavam espadas, lanças, adagas, escudos e armaduras. E de todos os tipos e formatos. Existia até uma arma bizarra chamada Tesoura, que dilacerava as entranhas dos oponentes. Ave Maria!

E não bastava vencer. O lutador tinha que conquistar o público sendo carismático. A galera que assistia ao "espetáculo" podia salvar ou condenar um gladiador com apenas um sinal das mãos. Quem recebia um like tinha mais uma chance — ia se recuperar pra próxima luta. Agora se o polegar estivesse pra baixo... bye-bye. Golpe de misericórdia!

Existem relatos de que, quando se davam bem nas grandes arenas, podiam ficar ricos, famosos e eram procurados pelas mulheres, as chamadas Marias-Arenas.

Mas teve um escravo/gladiador que se revoltou contra essa insanidade. Ele conseguiu fugir e reunir um exército de mais ou menos 80 mil soldados. Deu uma dor de cabeça dos diabos pro governo: até ser preso e morto, ele e seus seguidores botaram pra correr diversas legiões romanas durante três anos (73 a 71 a.C.). O nome do peitudo era Espártaco.

Eu tenho certeza de que você já ouviu a expressão "pão e circo". O governo oferecia aos romanos mais pobres pão e outros alimentos básicos, e promovia a diversão nas arenas pra ralé — entrada na faixa (de grátis*). O povão, de barriga cheia e entretido com a pancadaria, ficava muito mais fácil de ser manipulado. Mas isso foi no passado, hoje é diferente...

HISTÓRIA DIVERTIDA

*Como não sabia se todos conheciam a expressão "na faixa", preferi deixar claro: "de grátis" todo mundo conhece, né? Mas está ERRADO! Ou você diz "de graça" ou "grátis". Não esquece, tá?

6

COMO MORREU DINO?

É com profunda tristeza que comunico o falecimento de Dino, pet da família Flintstone. A notícia chega com um certo atraso, porém é como diz o ditado: "Antes tarde do que nunca". Meus sentimentos aos familiares e amigos.

Brincadeiras à parte, essa você já sabe, né? A extinção dos dinossauros é uma das histórias mais reproduzidas — talvez a mais conhecida — pela humanidade. Mas não podia faltar aqui no livro e não custa nada relembrar.

Sua sogra ainda não era nascida (foi há mais de 60 milhões de anos) quando um asteroide caiu no nosso planeta e extinguiu os dinos. Pelo menos essa é a teoria mais aceita.

Confesso que foi pesquisando pra esta matéria que descobri quais as diferenças entre asteroide, cometa, meteoroides, meteoros e meteoritos. Mas essa parte de astronomia vou deixar pra você pesquisar depois. O que importa agora é que todos são corpos celestes que podem se chocar com a Terra — o que não é tão raro acontecer. Aliás, existe um filme na Netflix chamado *Não olhe pra cima*, que fala sobre a possibilidade de um asteroide atingir a Terra. É uma sátira ao negacionismo científico. Mas isso é outro assunto... Eita, me perdi. Vou retomar no próximo parágrafo...

Então... esse corpo celeste atingiu a região onde hoje se encontra o México. Foi uma baita colisão! As informações coletadas por este escritor jurássico são de que o impacto correspondeu ao de dezenas de milhares de bombas atômicas, o que teria provocado incêndios, terremotos, erupções vulcânicas e maremotos (sou do tempo que se falava maremoto, hoje é tsunâmi — tudo a mesma coisa).

As erupções vulcânicas teriam bloqueado a luz solar com toneladas de gás e cinzas, esfriando o planeta. Me contaram que, de cara, cerca de 50% das espécies morreram. Aí você pergunta: e os outros 50%? E eu respondo: eles tentaram resistir, mas tinham que suportar um frio monumental e a falta de comida: as plantas e os peixes quase foram reduzidos a pó, então os lagartões ficaram sem muitas opções pra almoçar...

Mas a vida não acabou! Mamíferos, aves e os atuais répteis escaparam porque ingeriram carniça, insetos ou podiam hibernar.

Há estudos recentes indicando que, antes da colisão fatal, já havia uma queda na diversidade desses répteis gigantes. Répteis?! Esquece... De acordo com os pesquisadores, apesar da aparência, os dinossauros tinham o sangue quente e estavam mais pra galinha do que pra lagarto. Já encontraram até fósseis de dinos com penas...

O que é certo mesmo é que eles foram pro beleléu. Diante disso, o monstro do Lago Ness não passa de lenda. Será?!

Pra encerrar, eu preciso te contar uma fofoca fresquinha: na real, Fred Flintstone nunca teve um dinossauro de estimação. Fomos enganados! Enquanto os dinos pintavam e bordavam pelo mundo, o homem ainda não existia...

7

Não vou! Não volto! Fico!

Em 1807, o rei Dom João VI fugiu pro Brasil, pois o exército de Napoleão estava pra invadir Portugal. Uns dizem que foi um golpe de mestre do rei portuga, pois quando os franceses chegaram lá a comitiva real toda já tinha dado no pé. Outros alegam o contrário: foi bundão mesmo. Será que dava pra encarar o poderoso batalhão francês? Sei não...

Mas em 1821, Dom João voltou pra Portugal. Por livre e espontânea pressão! Teve que voltar. Se não retornasse perdia o trono.

Vejam, já fazia mais de dez anos que a tropa francesa tinha sido expulsa. E o João? Tá no Brasil. Os ingleses estavam dando as cartas na administração do país e no comando do exército lusitano. *Where's John?* Rio de Janeiro. Portugal passando um perrengue danado na economia. Cadê Joãozinho? Na terra de Pelé.

Aí não tem quem aguente, né? Os compatriotas do Cristiano Ronaldo ficaram revoltados. Não deu outra: fizeram uma revolução, a chamada Revolução Liberal do Porto, onde exigiam o retorno do monarca.

Ele voltou, mas tinha o poder de antes? De jeito nenhum! Nessa revolução, o país se transformou de uma monarquia absolutista (o rei manda, desmanda, e não deve satisfação pra ninguém) pra uma monarquia constitucional (o rei tem que governar de acordo com a constituição, ou seja, não pode fazer o que lhe der na telha).

Além disso, os caras queriam recolonizar o Brasil na intenção de fazer bombar a economia lusitana como nos velhos tempos. A ideia era implantar a política do venha a nós... ao vosso reino, nada.

É aí que entra o Dom Pedro I. Quando seu papai voltou pra Portugal, deixou ele no Brasil como príncipe regente (interino/provisório). Ele estava com 22 anos. E aprontando todas: não podia ver um rabo de saia. Tinha casado (por procuração!) com a nobre austríaca Maria Leopoldina, em 1817, num arranjo típico da época. Mas pulava a cerca sem dó. Vale dizer que, entre a nobreza daquele período, isso não era tão incomum. Mas parece que ele exagerava...

Mexericos à parte, essa presença de Pedrinho no Brasil atrapalhava os planos do governo português. Então tramaram: "Ora pois, vamos mandar o gajo voltar!".

Entretanto, aqueles que detinham poder e influência no Brasil (políticos e, principalmente, os grandes fazendeiros), vendo que a coisa não ia ficar lá muito boa pra eles com esse negócio de voltar a ser colônia, também confabularam: "Fala sério, mermão! Voltar ao que era antes nem pensar! Vamos dar uma moral pro Pedroca ficar, tá ligado?". E assim foi. Fizeram uma lista com 8 mil assinaturas contra a sua partida e entregaram a ele. Se já não estava com muita vontade de ir, com esse apoio então...

É que no Brasil Dom Pedro era O cara. Retornando pra terrinha ele voltaria a ser apenas o príncipe herdeiro, e, agora, de um rei enfraquecido.

No dia 9 de janeiro de 1822, ele recebeu uma carta da corte de Lisboa, exigindo a sua volta. Sabe o que ele fez? Apareceu na janela do palácio real e declarou: "Se é para o bem de todos e felicidade geral da Nação, estou pronto! Digam ao povo que fico!". E foi pra galera...

Por isso, essa data ficou conhecida como o Dia do Fico.

Daí pra independência do país foi um pulo. Mas isso é assunto pra outro texto.

8

JOANA D'ARC FOI UMA BRUXA?

Você certamente já chamou aquela sua vizinha implicante de bruxa, né? Ou pelo menos pensou. Às vezes, as cunhadas também são alvo desse "elogio", mas a campeã mesmo é a sogra! O detalhe é que pra ela normalmente esse xingamento vem acompanhado de outro adjetivo: velha. Aí vira "bruxa véia"!

O caso da Joana D'arc é um pouco diferente... Mas vamos começar pelo início (aff!). Joana era uma garota francesa pobre e analfabeta que a partir dos 13 anos começou a escutar umas vozes, que ela julgava serem de santos. E o que essas vozes diziam? Que ela iria liderar as tropas e expulsar o exército inglês da França. Os dois países estavam batalhando há tempos na chamada Guerra dos Cem Anos (1337–1453). Orra, meu! Mas aí dá mais de 100. Pois é...

Quando ela fez 17 anos já não estava aguentando mais ouvir essa ladainha na sua cabeça dia sim, dia não: "Joana, você é a mina! Pega seus trapos e vai falar com o rei. Só tu podes resolver esse B.O. em que a França se encontra". Então ela se mandou pra corte pra contar sobre o chamado celestial e oferecer seus préstimos pro tal do Carlos VII. E não é que o rei aceitou! Imagina o desespero do cara pra entregar o seu exército nas mãos de uma adolescente caipira e biruta. Muita gente deve ter pensado isso. Mas dizem que ele só se convenceu de que a missão era mesmo divina quando a moleca contou um segredo dele que ninguém mais sabia.

Mas antes da moçoila adentrar o palácio, Carlos VII quis fazer uma pegadinha: como Joana nunca tinha visto a fuça do rei, ele trocou de roupas e de lugar com um aspone. Só que, ao ver aquele Zé

Mané sentado no trono, o santo dela não bateu com o dele. Então ela começou a procurar o king no meio da multidão e, quando viu um certo homem, ela se ajoelhou aos seus pés. Bingo! Agora eu fiquei arrepiado...

Mais um detalhezinho pra contribuir pro absurdo da situação: a guria deu as caras na audiência com o rei (apesar de que ainda não tinha sido coroado oficialmente) vestida com roupas masculinas e cabelo curto, ou seja, a Joanita já era adepta do *crossdressing*... Numa sociedade em que as mulheres tinham poucos ou nenhum direito, pode ter sido uma bela sacada ter ido vestida de Joãozinho. Evitar ser vítima de estupro no campo de batalha deve ter pesado também.

Na entrevista real a menina alegou ser a enviada de Deus e que tinha como missão coroá-lo rei na cidade de Reims — era a tradição. É lógico que o Carlucho estava desesperado, mas não era bobo. Aí pensou: "Vou dar pra ela como primeira missão desobstruir a passagem para Reims. Vai ter que socorrer Orléans, que está sitiada pelos gringos. E com recursos limitados. Vamos ver se ela tem bala na agulha mesmo". E assim foi.

Antes da batalha ela enviou uma carta ao monarca inglês exigindo que libertassem a cidade, senão ia matar todos. Eita mocinha petulante! Mas os britânicos desprezaram o aviso. E quando viram o exército francês se aproximando com um punhado de sacerdotes na frente e Joana segurando apenas uma bandeira começaram a gargalhar.

Mas quem ri por último ri melhor! Nem sempre... Contudo, por incrível que pareça, a batalha foi vencida. Apesar de não usar armas, a donzela orientava e estimulava os soldados. Mesmo ferida, liderou a sua tropa rumo à vitória. Em 4 dias o cerco foi derrubado. Seja por milagre, sorte, estratégia ou o que for, com essa vitória o caminho estava livre pra coroação de Carlos.

Entretanto, após uma porrada de vitórias, Joana foi derrotada em Paris, em 1430. Tinha mais: a França passava por uns probleminhas internos. Havia uns franceses, chamados burgúndios, que apoiavam os ingleses. Esses traíras a raptaram e a entregaram para o inimigo.

O sem-vergonha do Carlos VII não mexeu um só dedo pra ajudá-la. Mal-agradecido! Nessa altura do campeonato você já sabe que a chapa vai esquentar, né? Ela foi acusada de heresia e feitiçaria em um tribunal da igreja por sua suposta habilidade de ouvir vozes e usar trajes masculinos. Em 1431, com 19 anos, foi queimada viva!

Depois de 15 anos, o papa Calixto XV reconheceu o erro do tribunal e inocentou-a de todas as acusações. Tarde demais...

Em 1920 foi canonizada pela igreja católica. Conclusão: levou quase 500 anos para se transformar de bruxa em santa.

9

Quem foi o maior conquistador de todos os tempos?

O assunto aqui não tem nada a ver com conquistas amorosas, portanto esquece o Don Juan. Temudjin é o nome do macho. Talvez você não o conheça pelo nome de nascença, mas tenho certeza de que já ouviu falar de Gengis Khan. Ele conquistou a maior extensão de terras contíguas no planeta. Ásia, Oriente Médio e Europa ficaram de quatro perante a força e violência das hordas mongóis. Isso no século 13. Se Alexandre era Grande, Gengis foi Gigante.

E foi com seus descendentes que o Império Mongol atingiu seu ápice. Mas e o Império Britânico? Não foi maior? No geral, sim. Mas quando falamos terras contíguas, significa uma colada na outra. Os ingleses dominavam um país num continente, um território em outro, uma ilha no cafundó do Judas... "Terra dos pés juntos" não tem pra ninguém: é Gengis na cabeça!

Mas pra chegar a ser Gengis (guerreiro perfeito) e Khan (chefe supremo), o bruto não poupou esforços. Pra começar, seu pai havia sido morto por inimigos tártaros. Alguns anos depois ele disputava a liderança familiar com seu irmão. Sabe o que ele fez? Tascou-lhe uma flechada e mandou o maninho pra terra dos pés juntos. Tinha 15 anos.

Depois casou-se. Deve ter havido uma festança regada a leite de égua e carne crua. Mas, passado um tempo, sua esposa foi raptada por uma outra tribo. O maridão juntou uns parças e trouxe a mulher de volta ao lar. Com isso, ganhou o respeito dos demais e foi nomeado chefe do seu clã.

Então vingou seu pai dando uma surra nos tártaros e ficou com uma moral danada. Pouco a pouco ele conseguiu unificar todas as tribos da Mongólia sob o seu comando.

Mas o selvagem não estava satisfeito. Queria conquistar o mundo. E botou pra quebrar! Nem as muralhas da China conseguiram deter o avanço dos bárbaros mongóis. Uma frase dele: "Se você tem medo, não faça; se você já está fazendo, não tenha medo".

É que eles tinham uma máquina de guerra fenomenal: os mongóis eram uns verdadeiros centauros! Cavalgavam como ninguém e ainda eram arqueiros incríveis. Dessa forma, trotando a toda velocidade e disparando flechas certeiras em todas as direções, ficava difícil detê-los. Outra pérola: "Conquistar o mundo a cavalo é fácil; desmontar e governar é que é difícil".

E tem mais: a ordem do todo-poderoso Khan era não fazer reféns, ou seja, ao assaltar um território era pra eliminar todos sem piedade. Os oponentes tinham uma única chance: renderem-se e serem poupados. Dessa forma, a fama da brutalidade dos mongóis se espalhou — só de saber que as tropas bárbaras estavam a caminho, muitos já se borravam. E aí fugiam ou se submetiam.

Outra grande vantagem de que o cruel e perspicaz Gengis se utilizou foi aproveitar a qualidade das pessoas de cada povo conquistado, tanto para a guerra como em postos da administração pública: engenheiros chineses, astrônomos muçulmanos, jogadores de futebol croatas...

Curiosidade: até para os padrões da época, os nômades e analfabetos mongóis eram considerados uns podrões — além de apreciar uma carninha crua, não tomavam banho nem lavavam suas roupas, por isso viviam infestados de piolhos e outros parasitas. Eca!

Mais uma sacada: "Eu sou um castigo de Deus. E se você não cometeu grandes pecados, Ele não teria enviado um castigo como eu".

Por fim, o dono do mundo quis ficar imortal. Ouviu um boato de que um religioso chinês tinha 300 anos e mandou buscá-lo para saber o segredo. O velhote disse que a imortalidade não existia, mas havia meios de prolongar a vida. E sugeriu o celibato. Ao que parece, seu conselho não foi levado a sério. Gengis Khan vestiu o paletó de madeira em 1227 com 65 anos de idade. Um estudo genético recente descobriu que 16% da população da Ásia descende do maioral mongol — o cara não brincava em serviço!

O último desejo do imperador do medo foi ser enterrado em segredo. Assim, um punhado de guerreiros levou o presunto especial até um lugar secreto, matando todos que cruzavam pelo seu caminho. Como não houve registro do local, até hoje ninguém sabe o paradeiro da tumba do maior conquistador de todos os tempos.

LARGADOS E PELADOS... NA PRÉ-HISTÓRIA!

Meus amigos, se vocês já assistiram o reality show *Largados e Pelados* sabem que a premissa desse programa é deixar duas pessoas que não se conhecem, sendo um homem e uma mulher, peladões em um ambiente selvagem: pode ser na Floresta Amazônica, na savana africana, na casa da sua sogra... Os dois têm que se virar pra sobreviver durante um punhado de dias naquele lugar. Tipo um Adão e Eva moderno.

Ou também podemos comparar com os homens pré-históricos! Mas antes eu queria te fazer uma pergunta: Você sabe quando começa a História? Claro, quando acaba a Pré-História. Tá certo, sabichão... Vou te ajudar:

Pré-História: começa quando aparece o primeiro ser humano ("marromenos" 3 milhões de anos antes de Cristo) e vai até a invenção da escrita.

História: inicia a partir do dia em que um iluminado rabiscou o primeiro garrancho uns 4000 a.C. lá na Suméria (onde ficam o Iraque e o Kuwait atualmente).

Entretanto, como surgimos é uma polêmica danada... Existe uma rivalidade pior do que Corinthians *versus* Palmeiras entre as duas teorias principais: o Criacionismo e o Evolucionismo.

A teoria criacionista adota a Bíblia como explicação para a criação do homem, que teria sido feito a partir do barro e ganhado vida após Deus baforar em suas narinas o fôlego da vida.

A teoria evolucionista foi criada por um tal de Charles Darwin e diz que tudo começou na África: um macaquinho esperto desceu da árvore, se levantou e andou sobre as duas patas traseiras. De lá pra cá foram descobertas mais de 20 espécies de hominídeos. Dessas, somente o *Homo sapiens* conseguiu sobreviver. É nóis!

Quando falamos do homem pré-histórico muita gente já pensa logo no sujeito macho e bruto que batia na cabeça da mulher com um tacape e a arrastava pelos cabelos — isso é um mito, tá?

Nesse período, todo mundo era analfabeto, ou seja, ninguém sabia ler nem escrever. Lógico, né? Não existia o alfabeto. Mas eles deram seus pulos e conseguiram registrar a forma como viviam, fazendo esculturas, colares, ferramentas, tirando selfies... Além disso, os caras eram uns grafiteiros de primeira: faziam umas pinturas rupestres da hora.

A família era formada pelos homens provedores (caçavam, pescavam, guerreavam) e pelas mulheres que cuidavam das crianças e da casa (faziam a comida, passavam a roupa, limpavam a geladeira...). Entretanto, há estudos recentes que afirmam que a mulherada teve uma participação muito além da esfera doméstica.

E tudo indica que, após a queda de um raio, descobriram o fogo. E depois aprenderam a fazê-lo batendo uma pedra na outra. Esses caras não eram nada bobos — são nossos ancestrais, pô! E esse foi o principal aliado na luta pela sobrevivência: ajudava a se aquecer, iluminava os caminhos e a caverna, e ainda assustava os predadores (pensa num tigre-dente-de-sabre rondando a sua casa).

Mas esse período que é a Pré-História foi gigante, então os historiadores a dividiram em três partes de acordo com o que o homem ia aprendendo. Cola pra prova:

Paleolítico: os carinhas descobrem o fogo e começam a fazer objetos com pedra, por isso também chamam essa parte de Idade da Pedra Lascada.

Mesolítico: se antes a galera não parava em lugar nenhum, ou seja, eram nômades, agora passam a ter um lugarzinho pra chamar de seu. E já estão dando um trato na pedra (Idade da Pedra Polida).

Neolítico: pensamento do período: "Que pedra que nada, brother, o negócio do momento é cobre, bronze e ferro" (Idade dos Metais). Bate-papo neolítico:

— Tava pensando aqui com meus botões ainda não inventados, agora que somos sedentários, por que não plantamos alguma coisa e domesticamos uns animais?

— Grande ideia, bicho!

Então, apesar de alguns aperreios por que passam os participantes do programa da TV, não existe comparação com o que sofreram esses pelados pré-históricos. Nossos antepassados tiveram que começar tudo do zero. A moçada toda estava nua com a mão no bolso! Tiveram que inventar roupas, armas, aprender a plantar, colher, postar vídeos no TikTok...

11

QUEM FOI SÓCRATES?

Espero que você não fique decepcionado, porque o cara de quem nós vamos falar aqui é o filósofo, e não o jogador de futebol. Caiu na pegadinha?! Não se preocupe. Você não vai ficar sem sentir o gostinho de saber um pouco mais sobre esse grande ídolo do Corinthians. Mas só um bocadinho, tá?

Sócrates já era considerado um fenômeno desde o início da sua carreira no Botafogo de Ribeirão Preto. Era um boleiro diferenciado em todos os sentidos: além de ser um craque, formou-se em medicina! Por isso era sempre chamado de doutor. Sua marca registrada dentro do campo era o passe de calcanhar. Fora das quatro linhas, teve uma participação importante no movimento Democracia Corinthiana e na campanha Diretas Já. Tudo isso nos anos 1980. E também apreciava muito outro esporte: o levantamento de copo!

Agora, quanto ao filósofo... primeiro vocês têm que saber que ele não escreveu nada, apesar de ser considerado o bambambã da filosofia. Tudo o que sabemos do que se passava na sua cachola privilegiada foi escrito pelo seu pupilo Platão.

Não se sabe muito sobre a sua vida, mas uma das informações que chegaram até nós é que ele vivia de maneira bastante humilde: costumava andar descalço por Atenas (esqueci de falar que ele era grego). Dizem que parecia um mendigo... e também que era feio de doer!

Naquele tempo era comum que, antes de tomar alguma decisão, o cidadão fosse ao templo consultar a sacerdotisa — uma espécie de vidente. Sabe-se lá por quê, um amigo dele chamado

Querofonte foi ao templo do Oráculo de Delfos e perguntou: "Quem é o homem mais sábio de Atenas?". Nem preciso responder quem a dita cuja disse que era, certo?

Na entrada desse templo estava escrita uma das frases mais conhecidas da filosofia: "Vovó Maria joga búzios e tarô". NÃO! É "Conhece-te a ti mesmo".

Bom, o tal do Querofonte saiu de lá todo pimpão e foi voando contar pro amiguinho o que a adivinha tinha falado. Mas ficou decepcionado: o filósofo não quis nem saber dessa conversinha fiada e disse: "Nem tanto, Querô. Menos". Depois, ao seguir dialogando com várias personalidades da cidade, Sócrates foi percebendo que todas caíam em contradição. Ao serem questionadas sobre algum assunto, diziam que sabiam, mas quando ele se aprofundava no tema a rapaziada se perdia. Aí ele teve um insight e filosofou: "Rapaz... a sacerdotisa tinha razão. Esses mal-acabados se acham, mas não sabem de porcaria nenhuma. Pelo menos eu sei que nada sei!".

Esse método que o pensador usava durante os seus diálogos era chamado de Ironia. Ele perguntava pro seu colega de papo, fingindo não saber. A intenção era que o próprio sujeito se ligasse que estava errado. O tal do Sócrates devia ser um chato (de galochas) quando estava tomando uma cervejinha estupidamente gelada com a turma no boteco do Zorba, perguntando por que você acha isso, por que aquilo etc. Pelas costas, o chamavam de mala (sem alça).

Então, depois que o carinha baixou a bola porque percebeu que estava equivocado mesmo, o nosso filósofo parte pra segunda etapa, que é a Maiêutica — significa parto. A pegada era a seguinte: a sessão de perguntas continua, mas agora o objetivo é que o fulano chegue a uma conclusão por si mesmo, ou seja, dê à luz (olha o parto aí) uma ideia nova. Legal, né?

E quanto ao casamento? O que o mestre tinha a nos ensinar? Uma frase atribuída a ele: "O ideal no casamento é que a mulher seja cega e o homem surdo". Que mente brilhante!

Dizem que a sua mulher, Xantipa, tinha um temperamento fortíssimo (era chata mesmo. Pronto, falei). Mesmo assim, ele aconselhava o casamento: "Se você arrumar uma esposa boa, será feliz; se arrumar uma esposa insuportável como a minha, se tornará um filósofo".

Mas muitas pessoas influentes já estavam de saco cheio desse jeito dele. Ficar questionando a maneira de ser e viver de ricos e políticos podia dar merda. E deu. Arrumaram um pretexto pra ferrá-lo.

Em 399 a.C., quando já era setentão, ele foi julgado no tribunal por desrespeitar os deuses da cidade e corromper a juventude. Tudo levava a crer que era um jogo de cartas marcadas, tanto que seus amigos queriam que ele fugisse, mas o sábio não aceitou. E ainda foi seu próprio advogado.

Deu ruim. Foi condenado. Veredito: pena de morte. Engoliu um veneninho chamado cicuta e passou desta pra melhor!

12

QUEM CONSTRUIU AS PIRÂMIDES DO EGITO?

Essa é fácil: foram os extraterrestres! Olha só, depois que meu cunhado pagou aquela grana que emprestei pra ele faz mais de um ano, eu não desacredito mais de nada...

Porém, historicamente, os ETs não têm nada a ver com a empreitada. O fato é que a construção das pirâmides é um prato cheio pra teorias conspiratórias devido à dificuldade em construir algo desse tamanho em um período onde a tecnologia era extremamente limitada.

Aqui nós vamos falar sobre essas edificações do Egito. Mas outras civilizações antigas também ergueram estruturas nesse formato. Hoje em dia, alguns espertalhões constroem um outro tipo de pirâmide: financeira. Mas isso é outro assunto.

Vocês sabem que as pirâmides egípcias eram túmulos, né? Olha, na verdade, não foi encontrado nenhum presunto dentro delas até hoje, mas como nove entre 10 arqueólogos alegam isso, vou fingir que acredito e seguir com a história, tá? Continuando... Os faraós eram enterrados nesses locais. Esses governantes do Antigo Egito eram considerados uma espécie de divindade. Os egípcios acreditavam na ressurreição, mas o corpo tinha que estar intacto, por isso o cadáver do faraó passava por um processo de mumificação pra manter o "corpitcho". O detalhe é que o falecido não ia sozinho comer capim pela raiz. Com ele eram enterrados seus tesouros, roupas, móveis e até comida (vai que dá uma fominha). Agora o pior: seus empregados e familiares eram sacrificados e iam acompanhá-lo pra manter o paparico ao soberano no além. Isso que é vida! Ou morte, sei lá.

Tudo começou quando um tal de Imhotep idealizou a primeira pirâmide em 2648 a.C. Esse cara era o arquiteto do faraó Djoser. Até então, os faraós eram enterrados em mastabas — tumbas subterrâneas cobertas por pilhas retangulares de blocos de tijolos de argila. Ufa! Traduzindo, parecia um banco de pedra. Depois da primeira, virou moda: todos os faraós seriam enterrados em pirâmides.

Essa primeira pirâmide tinha 62 metros de altura e já era enorme para os padrões da época. Mas a maior — Quéops — tinha originalmente 230 metros de largura e 146 metros de altura! E os blocos de pedra de que é constituída pesam — ela ainda está em pé — até 6 toneladas cada. Em 2560 a.C. (data da sua construção) os conterrâneos da Cleópatra ainda não usavam a roda para ajudar no transporte e encaixe dos blocos. E aí?

Na verdade, nunca foram encontrados registros exatos sobre a construção desses monumentos, mas existem algumas pistas. De onde veio o material não há tanto mistério: essas grandes edificações da cidade de Gizé (Quéops, Quéfren e Miquerinos) foram construídas próximas a pedreiras. Então tá. Mas como transportaram esses enormes pedregulhos?

Em uma tumba de 1900 a.C. foi encontrado um desenho que mostrava uma estátua gigantesca sendo arrastada em cima de um tipo de trenó por cerca de 150 marmanjos. Na frente, alguns iam jogando água pra facilitar o deslizamento. Um arqueólogo experimental calculou que meia dúzia de arrochados conseguiriam puxar um bloco de duas toneladas com esse método. É uma hipótese (difícil de engolir). E como fizeram pra levantar essas rochas pesadíssimas?

Estudos recentes apontam que os materiais podem ter sido levados pra parte de cima das pirâmides usando um sistema de rampas de areia em zigue-zague. Haja braço! A ideia nem é tão nova assim: no século 1 a.C., um historiador grego chamado Diodoro Sículo já tinha dado a deixa. Os egípcios desse tempo não conheciam a roda, mas tinham avançados conhecimentos matemáticos que podem/devem ter contribuído para erguer esses mausoléus. Mas quem botou a mão na massa? Escravos?

Por muito tempo acreditou-se que sim. Mas nunca foram encontradas provas arqueológicas que confirmassem isso. Atualmente, a teoria mais aceita é que eram operários remunerados, pois foram encontradas algumas tumbas, que seriam de trabalhadores, ao lado das pirâmides. Se fossem de escravos não poderiam ser enterrados lá de jeito maneira.

No Egito existem 123 dessas "obras faraônicas" catalogadas, no entanto nem todas encontram-se de pé ou em bom estado de conservação.

Pra encerrar: as pirâmides são chamadas pelo nome do faraó que foi sepultado nela. Então, quando falamos da pirâmide de Djoser, Quéops etc. é porque a múmia do Djoser, do Quéops ou de outros faraós acabados estão (ou deveriam estar) lá dentro. Cada um na sua! Isso até a ressurreição, claro.

13

QUAL MÚSICO FEZ UM PACTO COM O DIABO?

Se é verdade ou não que o trato com o cramulhão foi consumado eu não sei. Mas essa passagem já faz parte da história da música. Por via das dúvidas, antes de começar, se você achar por bem fazer o sinal da cruz, vai na fé.

O nome do sujeito é Robert Johnson. Ele nasceu em 1911 numa cidadezinha no estado do Mississipi (EUA). Em uma família de lavradores pobres, quando adquiriu forças pra segurar uma enxada, já começou a trabalhar pesado na lavoura. Mas, pra todo canto que ia, o moleque sempre carregava a sua gaita.

Com 16 anos, cansado dessa vida dura de boia-fria, pegou a estrada e foi atrás da sua paixão: a música. O cara tocava nos inferninhos da vida em troca de uma merreca. Dizem que era um bom cantor e um gaitista de respeito, mas tocando violão... tem uma passagem que ilustra bem isso: em 1930, numa casa de shows, ele se atreveu a pegar o instrumento de um dos músicos que iriam tocar naquele dia pra mostrar umas composições que tinha feito. Saiu um som tão desafinado, que todo mundo cobriu as orelhas. Os donos do local botaram ele pra correr. A partir daí começa a lenda: por alguns meses ele sumiu. Desapareceu. Escafedeu-se.

Contam que, quando reapareceu, estava de posse de um violão normal de seis cordas, mas com uma sétima corda extra. E tocando como um endiabrado! Onde ele aprendeu a tocar tão bem assim e em tão pouco tempo?

Segundo a lenda, levando o seu velho violão e uma garrafa de whisky, Johnson caminhou até o cruzamento da rodovia 61 com a 49 na cidade de Clarksdale e na encruzilhada fez um ritual invocando o capiroto para realizar o pacto no qual venderia sua alma em troca de ser o maior tocador de blues de todos os tempos. Cruz-credo!

    O tinhoso aceitou o convite, pegou o instrumento da mão de Robert e o afinou um tom abaixo do comum. O contrato foi consumado e ele e o maligno tomaram um porre juntos e marcaram um encontro pra dez anos depois, onde o sete-peles retornaria e levaria a sua alma pro inferno. Misericórdia!

    Pra reforçar a trama, algumas composições feitas por ele depois do famigerado pacto eram relacionadas ao tema sobrenatural: o encontro com o demo, cães do inferno que o perseguiam, chupa-cabra...

    Além disso, os sucessos *Sweet home Chicago* e *I believe I'll dust my broom* teriam sido escritos, gravados e reproduzidos com o canhoto incorporado nele, ou seja, estava com o diabo no corpo.

    Uma de suas últimas músicas dá a entender que o contrato com seu amiguinho trevoso estava prestes a terminar e ele já estaria batendo à porta pra recolher a sua parte no trato. Isso porque o arranjo especificava que seriam gravadas 30 músicas ao longo de sua carreira. Depois...

    Onde há fumaça, há fogo: o tal Bob gravou 29 músicas. Antes de gravar a trigésima, teria se rebelado contra o beiçudo pra que pudesse continuar tocando e aproveitar o sucesso em vida. Mas o contrato estava selado e registrado no cartório do inferno. *No way*.

    Robert Johnson foi pro inf... faleceu aos 27 anos. O motivo da morte é incerto. Há rumores de que tenha se envolvido com uma mulher casada e o corn... marido traído tenha dado um presentinho de grego pra ele: uma garrafa de whisky envenenado. Em outra versão, teria morrido de sífilis.

    Mais uma: você já ouviu falar do Clube dos 27? Diversos artistas famosos morreram com essa idade, entre eles: Jimi Hendrix, Janis Joplin, Jim Morrison, Kurt Cobain, Amy Winehouse, e por aí vai. Essa maldição teria sido lançada no mundo artístico pelo belzebu como uma espécie de punição por Johnson ter se arrependido e tentado romper a aliança.

Na realidade, tudo indica que, no período em que ficou desaparecido, ele teve aulas com um professor chamado Isaiah "Ike" Zimmerman, um músico bastante habilidoso que o acolheu em sua casa e fez dele um guitarrista excepcional.

Uma coisa é fato: Robert Johnson foi um dos maiores e mais influentes músicos de todos os tempos.

14

QUEM BOTOU FOGO EM ROMA?

Dizem que foi o imperador Nero, que governou Roma entre 54 e 68 d.C. Mas será que ele iria atear fogo na própria cidade que governava? Pra quê? Vamos "puxar a capivara" do dito cujo pra saber se ele realmente pode ter sido esse incendiário maluco de que tanto falam.

Nero era filho único de Cneu Enobardo e Agripina, irmã do imperador Calígula. Seu pai bateu as botas quando ele tinha 2 anos. Sua mãe casou-se novamente, dessa vez com o tio dela que era nada mais nada menos que o novo imperador Cláudio. O imperador adotou Nero como filho e, apesar de já ter um filho de seu próprio sangue, chamado Britânico, Cláudio colocou Nero como o primeiro na linha de sucessão. Por que era mais velho? Também. Mas principalmente devido à influência de Agripina sobre o maridão.

Porém, algum tempo depois, o imperador já tinha se arrependido de deixar o seu filho natural de lado. Começou a dar mostras de afeto pelo pimpolho. E isso não passou despercebido. Antes que mudasse de ideia quanto à sucessão, Cláudio morreu. As más línguas contam que Agripina o teria envenenado com uma porção de cogumelos batizados. Assim, Nero assumiu o trono com apenas 16 anos.

Além da mamãe, o novo imperador tinha como conselheiro o filósofo Sêneca e o Burro (calma, Sexto Afrânio Burro, prefeito da guarda pretoriana). E os primeiros anos do seu reinado são conhecidos como exemplo de boa administração: concedeu autonomia ao

Senado, realizou reformas fiscais e monetárias, grandes projetos de construção, melhoras no sistema de abastecimento de alimentos, Bolsa Plebe... O cara mandou bem!

Mas quando seu maninho Britânico completou 14 anos, Nero considerou que o fedelho poderia ser uma ameaça ao seu poder. Solução? Uma bela taça de vinho envenenado pra comemorar o aniversário. Registro oficial da morte: ataque epiléptico.

Próxima vítima: as relações com a mamma já tinham azedado, primeiro porque ela tinha se bandeado pro lado de Britânico, depois por ela conspirar pra derrubá-lo do trono. Por fim, foi meter o nariz onde não foi chamada: numa relação amorosa do filho. Aí lascou! Sua amante, Popeia Sabina, fez a cabeça do namorado pra matar a própria mãe.

Contudo, a "velha" era dura na queda. Foram várias tentativas de matá-la e ela escapava de todas. Por três vezes tentaram envenená-la, mas ela tomou os antídotos a tempo e sobreviveu. Sabotaram um barco em que ela viajava, pra parecer um naufrágio. A mulher escapou a nado. Provocaram o desabamento do teto do aposento que ocupava. Ela foi salva graças a um sofá! Aí o filhão perdeu a paciência e usou o método tradicional mesmo: enviou assassinos pra fazer o servicinho sujo, orientando que a morte tinha que parecer um suicídio. Bingo!

Esse relacionamento com Popeia era adúltero — ambos eram casados. A imperatriz Cláudia Otávia foi sua esposa durante oito anos. Mas foi um casamento de conveniência. Não tiveram filhos, muito em função do desinteresse dele (isso de acordo com a matéria do programa de TV mais famoso da época: *O Fuxico Imperial*). Quando a sua amante engravidou, ele finalmente decidiu divorciar-se de Cláudia, sob o pretexto de infertilidade da imperatriz. Quer separar, separa. Mas ele mandou exilar e executar a infeliz, acusando-a de ter coroado a sua cabeça com um belo par de chifres. Vai ser malvado assim lá em Roma, ora bolas!

Agora sim, o caminho estava livre pros dois pombinhos casarem-se e viverem felizes para sempre. Só que não. A ex-amante deu à luz uma menina que morreu com somente quatro meses. E a relação não ia nada bem. Houve uma discussão furiosa entre eles sobre o tempo que o marido passava assistindo futebol... (tudo bem, eram corridas de biga). O tirano ficou pistola e chutou Popeia na barriga (ela estava grávida de novo), o que provocou a sua morte.

No ano 68, o Senado declarou Nero inimigo público e apoiou a coroação de um tal de Galba. Isolado, ele fugiu de Roma. E antes de se suicidar, enfiando um punhal na garganta, gritou: "Que artista morre comigo". Que convencido!

Tá. Mas e a questão do incêndio?

Versão 1 — acidente. O fogo começou perto do Circo Máximo, o hipódromo romano. Nas imediações, havia uma espécie de camelódromo: uma porrada de cubículos de madeira ocupados por astrólogos, prostitutas e cozinheiros, que usavam o fogo para cozinhar e iluminar o ambiente. Na noite de 18 ou 19 de julho do ano 64, o calor do verão em Roma era intenso. Pra piorar, estaria soprando um vento forte (fenômeno La Niña?!) que atiçou as chamas e fez com que o fogo se espalhasse com rapidez pela cidade.

Versão 2 — a teoria de que Nero foi o culpado parte da seguinte ideia: ele queria dar um tapa no visual da cidade, pondo bairros inteiros abaixo pra erguer construções mais modernas. Aí, pra apressar essa reforma, o doido mandou tascar fogo geral! E ainda ficou tocando sua lira e olhando a cidade arder.

Resumo da ópera: se o sujeito matou a mãe, o irmão e duas esposas, causar um incêndio proposital seria a coisa mais normal da Antiguidade. Historiadores modernos acreditam que o mais provável é que tenha sido acidental. Eu é que não boto a minha mão no fogo...

15

Quem inventou o avião?

Como disse o poeta Vinícius de Moraes: "O avião é mais pesado que o ar, tem motor a explosão e foi inventado por um brasileiro. E você quer que eu entre nele?". Mas será mesmo que o inventor do avião foi um conterrâneo nosso? É claro que estamos falando do mineiro Alberto Santos Dumont, chamado de pai da aviação. E também conhecido por aparecer nas fotos sempre de chapéu e, lógico, pelo seu bigodaço. Aliás, dizem que ele não tirava o chapéu nem pra ir no banheiro fazer o *number two*...

No entanto, existe uma polêmica no ar. Os americanos alegam que Dumont não é pai da aviação coisa nenhuma. No máximo, padrasto, e olhe lá. Na terra do Michael Jackson os gringos dizem que não tem pra ninguém: é irmãos Wright na cabeça. Será?

É bom saber que o ser humano já voava em balões e planadores quando Dumont e os brothers Wilbur e Orville Wright ainda brincavam de aviõezinhos de papel.

Em 1901, o brasileiro consegue dar uma volta na Torre Eiffel com um dirigível — uma espécie de balão que pode ser controlado por um condutor. Mas não era um avião. Por causa desse feito ele virou um popstar por lá e ficou conhecido mundialmente. Chegou até a ser convidado pro BBF – Big Brother França...

Já em 1903, os maninhos americanos, dois fabricantes de bicicletas, alçaram voo em um aeroplano numa praia da Carolina do Norte. O nome do teco-teco era Wright Flyer. Poucas pessoas testemunharam o feito, que foi publicado no jornal *Dayton Daily News*. A máquina voadora deles teria viajado 260 metros em 59 segundos. Porém, precisava ser lançado por uma catapulta pra subir. Vale ou não vale?

Só que os caras não pararam por aí. Continuaram aperfeiçoando seu invento e, em 1905, seu avião já conseguia realizar voos de 39 km com total controle de direção e altura. Detalhe: não houve registro oficial desses voos. Uai! Por quê? Os manos não queriam revelar detalhes dos seus experimentos pra evitar que alguém copiasse, pois tinham a intenção de comercializar seus aviões pra algum governo. Mas a questão de precisar de uma ajudinha externa na decolagem era motivo de controvérsia.

Quando os rumores dessas proezas chegaram à Europa, uma cambada de gente foi tentar reproduzir a façanha, entre eles, Betinho Dumont. Em 23 de outubro de 1906, num concurso oficial, o aviador brasileiro voou cerca de 60 metros de distância subindo 2 metros de altura com o seu avião 14 Bis, no Campo de Bagatelle, Paris. Voo de galinha? Mas era uma máquina dotada de propulsão própria (não precisava de catapulta, rampa, trilhos ou coisa que o valha). Esse sim, foi reconhecido e homologado como o primeiro voo pela Federação Aeronáutica Internacional.

Pela proeza, o bigodudo brazuca embolsou um prêmio de 3 mil francos. Menos de um mês depois, em 12 de novembro, ele bateu seu próprio recorde: voou incríveis... 220 metros (a 6 metros de altura). Me contaram que foi nesse momento da premiação que ele disse a frase que entraria pra história: "Sou brasileiro, não desisto nunca". Em outra versão, teria cantado: "Eeeeu sou brasileiro, com muito orgulho, com muito amooor...".

Em 1908, pra acabar com a dúvida (muitos achavam que os Wright eram picaretas), Wilbur foi pra França levando o seu Flyer e mostrou as fotos do voo de 1903. Depois, subiu o aparelho aos céus com recursos próprios e fez voos de mais de 100 km realizando manobras aéreas que deixaram a francesada de boca aberta.

A partir daí, os ventos começaram a soprar a favor dos americanos. Fora isso, a propaganda nacionalista dos Estados Unidos também não era/é fraca. Hoje, a maior parte do planeta considera que os irmãos Wright são os verdadeiros inventores do avião.

16

VOCÊ JÁ GANHOU UM PRESENTE DE GREGO?

Se a sua resposta foi que nunca conheceu ninguém natural da Grécia, a leitura deste texto é obrigatória. Um presente de grego é aquele que você recebe e que te dá um prejuízo. Uma surpresa ruim. Tipo ganhar aquela jarra de plástico em formato de abacaxi de amigo-secreto. Mas essa expressão popular tem uma explicação histórica. Vamos a ela.

Mais uma guerra na história: Grécia *versus* Troia. Qual o motivo? O rapto da esposa de Menelau, rei de Esparta. O nome da bela era Helena. Aliás, dizem que ela era a mulher mais linda do mundo. Literalmente. Fotos? Não tenho. O sequestrador foi um sujeito chamado Páris, o príncipe troiano. Agora, se a gata foi realmente levada à força ou se decidiu fugir com o bonitão Páris, já é outro departamento.

O maridão correu pra pedir apoio pro seu irmão Agamemnon, rei de Micenas. O mano conseguiu convencer os chefes das demais cidades gregas a formar uma aliança pra resgatar a cunhada, talvez dizendo algo do tipo: "Hoje é a dele, amanhã é a nossa", e se mandou pra Troia com uma frota de mais de 1.000 navios.

Bom, tudo isso pode ser também só um mito. Até porque, no livro *Ilíada*, em que conta essa passagem, o poeta Homero faz até os deuses descerem do Olimpo pra meter o bedelho no enredo. Muitos historiadores discordam dessa narrativa. Eles alegam que a posição geográfica de Troia era estratégica pro controle do tráfego marítimo. Então os gregos cresceram os olhos nesse potencial e foram pro pau a fim de acabar com esse domínio. Pra você se localizar, consultei o atlas geográfico CAPRA — Mundo Antigo, e posso te afirmar que Troia ficava na costa da atual Turquia. A versão do rapto é mais legal? Segue o jogo...

Os gregos atravessaram o mar Egeu e começaram a luta. Mas encontraram uma resistência braba por parte dos troianos. Pra ter uma ideia, a guerra durou "só" dez anos. A cidade foi cercada, mas era superprotegida por fossos e muralhas. Não tinha como entrar. Esqueci de falar que isso ocorreu no século 13 a.C.

Calcanhar de Aquiles: durante as batalhas, o "sequestrador" Páris foi morto. Mas antes disso acertou uma flechada no herói grego Aquiles. De acordo com a mitologia, esse guerreiro era imortal. Só tinha um ponto fraco. Já sabe, né? E foi lá que a flecha envenenada foi se alojar. Dizem que essa flechinha teria sido guiada pelo deus Apolo...

Mas morte em guerra não é novidade. Além dos já citados Páris e Aquiles, o irmão de Páris, Heitor — comandante das tropas troianas — também foi pro saco. Morto por Aquiles. Fora uma batelada de soldados. Então tá na hora de acabar com essa matança. 10 anos já?! Chega! Pelo amor de Zeus!

Depois que até o semideus Aquiles foi pros Campos Elíseos (o paraíso dos gregos), o desânimo tomou conta da gregaiada toda. O líder Agamemnon aceitou o fracasso e ordenou o retorno pra casa. Isso foi mais ou menos no ano de 1250 a.C. Aí é que entra em cena outro herói: talvez você já tenha ouvido falar de Ulisses (as aventuras dele são contadas por Homero em outro livro — *Odisseia*). Esse cara é que foi o pai da ideia da construção de um gigantesco cavalo de madeira oco.

Assim, em vez de ir embora, o exército grego se manteve escondido na vizinha ilha de Tenedos. Antes, protegidos pela escuridão da noite, arrastaram o cavalão até o local do seu acampamento e o deixaram ali. Depois vazaram. Com exceção de um sujeito: Sinon. Na manhã seguinte, a guarda troiana examinou o horizonte e viu que os inimigos tinham se mandado. Felicidade geral. Mas avistaram um misterioso cavalo de madeira.

Chegou a hora do tal do Sinon mostrar a que veio, ou melhor, a que ficou. Inventou uma historinha pra boi dormir dizendo que desertou pra não ser vítima de um sacrifício. E quanto ao cavalo? Ele disse que era uma oferenda aos deuses que os gregos tinham construído pra abençoar o seu regresso. E completou: quem possuísse a monumental figura jamais sofreria uma derrota perante um inimigo, induzindo os troianos a ficarem com a construção equina.

Em outra versão, nem se fala de Sinon, mas sim que os troianos aceitaram o presente deixado às portas da cidade imaginando que fosse uma proposta de paz. Abriram os portões e empurraram pra dentro o pangaré de pau. Surpresa! No interior do bicho estavam os melhores guerreiros inimigos. Os gregos mataram as sentinelas e escancararam os portões pra todo o exército entrar. Foi um massacre! A cidade ficou em ruínas. A estonteante Helena foi levada de volta pra casa e toda a família real troiana foi morta.

Taí, o cavalo foi o autêntico presente de grego! E aceitá-lo foi uma tremenda burrice.

Samurai negro? Fato ou fake?

Fato. A escola de samba Mocidade Alegre ganhou o desfile de carnaval de São Paulo em 2023 com um enredo sobre esse cara. Olha isso: "O som do atabaque ecoou... ôô...; Ressoa no couro do taikô; Ê nzazi ê... ê nzazi a...; Nzuzu conduz teu filho nesse mar; Ê nzazi ê... ê nzazi a...". E por aí vai. Quer que eu seja sincero? Não entendi bulhufas! Por isso fui pesquisar um pouco. E vou te contar o que eu descobri.

Durante o século 16, o Japão começou a ser frequentado por navios portugueses e espanhóis. O motivo principal era comercial — vender as sedas e especiarias que traziam na bagagem. Mas levavam também, como parte da tripulação, missionários católicos, principalmente jesuítas, ansiosos pra recrutar almas fresquinhas por aquelas terras pagãs.

Numa dessas, em 1579, chega o padre italiano Alessandro Valignano. A missão de catequizar os japas não rolou — os nipônicos já tinham crenças bem estabelecidas. Mas uma coisa chamou a atenção de todos já durante o desembarque. Na trupe do gringo carcamano estava um sujeito diferente: tinha a pele escura e era enorme. Talvez o primeiro negro a pisar por lá. Os japoneses ficaram maravilhados! Extasiados! Arregalaram os olhos... Essa eu forcei, né?

Houve uma aglomeração para vê-lo. Quem passava por perto logo pensava tratar-se de uma promoção de Smart TV ou o lançamento de uma nova versão do iPhone. Dizem até que alguns curiosos morreram pisoteados. No local onde os jesuítas estavam hospedados, os comedores de sushi chegaram a quebrar a porta pra ver o gigante negro. Gigante? Bom, segundo relatos, ele tinha cerca de 1,90 m de altura. Perto dos nanicos japoneses (média de 1,57 m) era um monstro.

Devido ao alvoroço causado na cidade, rapidinho a notícia chegou ao Daimiô, o poderoso senhor do pedaço. Esse chefão — Oda Nobunaga — exigiu que trouxessem a novidade perante ele. Ao ver o tamanho do armário, também se impressionou, mas o que mais chamou sua atenção foi a cor do estrangeiro. Mandou que ele tirasse a camisa e esfregasse a mão no corpo pra provar que aquela coloração era de verdade. Mesmo assim, ficou com um pé atrás. Então ordenou aos seus vassalos que dessem um banho no homem. Aí sim, se convenceu.

Mas e o nome do grandão? Ele passou a ser chamado de Yasuke. Pode ser a junção das palavras "Yao" (de origem africana) e "suke" ("ajudar" ou "socorrer" em japonês). Ou talvez seja uma releitura japonesa do nome Isaac. Sou mais essa versão. E tudo indica que era um escravo.

As crônicas da época o descrevem com a aparência de 26 anos e a força de dez homens. Me contaram que houve uma conversa entre o Daimiô e o jesuíta e que, após esse papinho, Yasuke foi "cedido" como uma espécie de presente ao mandachuva japonês. Diálogo:

Nobunaga: "Por que a pele deste homem é negra?"

Padre: "Porque ele veio de uma terra distante, abençoada com um sol forte e brilhante, que escureceu sua pele, senhor."

Nobunaga: "Ah... mas se ele veio de uma terra abençoada, por que vocês o escravizaram?"

Toma!

Não demorou pro africano virar o guarda-costas pessoal do chefe. Só a presença do negão por perto bastava pra intimidar possíveis assassinos enviados por inimigos. Além disso, os dois se davam bem. Ele aprendeu japonês rapidinho e contava as estranhezas do mundo ocidental pro seu senhor. O difícil mesmo foi comer com aqueles pauzinhos (hashi)... E parece que o passatempo predileto da dupla era tomar saquê e jogar jokenpô...

Em 1581, ele foi o primeiro estrangeiro a ser agraciado com uma das maiores honras existentes na cultura japonesa. Virou lutador de sumô. NÃO! Virou Samurai.

Em um período conturbado da história japonesa, Yasuke esteve ao lado do *boss* em batalhas decisivas pra unificação do país, e logo ganhou fama de um guerreiro indestrutível.

Mas em 1582, Nobunaga foi traído por um de seus generais, e cometeu o suicídio ritual seppuku ou harakiri, rasgando a barriga com uma espada. O Highlander negro lutou até o fim junto com o filho do ex-chefe pra defender o clã, mas foram derrotados.

Yasuke, criado em costumes ocidentais e que de bobo não tinha nada, decidiu não se suicidar e se ofereceu pra lutar pelo lado vencedor, mas tomou um pé na bunda e foi mandado pro exílio. Depois disso, o resto de sua história permaneceu desconhecido.

De volta pro enredo da Mocidade: "No oriente, tronco forte, baobá; Luar... na cor da noite, beija o sol nascente; Retinta pele reluzente; Mistério na terra de obá; Aos olhos de daimiô, guerreiro despertou; Eis o destino a se revelar". Ah, tá!

18

Qual a cor do cavalo branco de Napoleão?

Pegadinha velha essa, né? Na minha época de escola sempre tinha um engraçadinho que fazia essa pergunta. E se o moleque demorasse um pouquinho pra responder já era zoado. A resposta é óbvia? Será?! Vou recorrer à História pra tentar solucionar essa questão "misteriosa".

Antes, eu queria te propor uma reflexão. Hoje, no Brasil, qualquer vereadorzinho mal-acabado tem dois ou três carros na garagem. Fora o veículo oficial, que só pode ser utilizado no desempenho da função. Sei... então você acha que o poderoso general Napoleão Bonaparte, imperador da França entre 1804 e 1815, tinha apenas um cavalinho pra chamar de seu?

Aliás, durante as batalhas, era preciso fazer um rodízio nas montarias — os cavalos eram trocados pra aguentar o tranco nas longas e cansativas jornadas. Além disso, tinha que ter uns pocotós na reserva caso o titular se machucasse, ou pior, batesse as ferraduras.

Tem outra: ao contrário de Alexandre, o Grande, que só cavalgava no seu cavalo Bucéfalo, Napoleão não tinha uma montaria predileta: o que vinha ele traçava, quer dizer, montava.

De acordo com o historiador especialista em cavalos, ops, em Napoleão, um tal de Jean Tulard, o francês teve 129 pangarés à disposição durante a sua jornada épica. E devia ter um montão de brancos. Até mulas existiam no plantel. Mas a briga pra ver quem é o cavalo branco da charada é acirrada e se dá entre dois equinos. Ambos eram árabes.

De um lado do haras: Marengo — foi adquirido na campanha militar no Egito em 1799. Seu nome foi uma homenagem à batalha de Marengo — uma região no norte da Itália. Esse animal levou no lombo o imperador a várias batalhas históricas, incluindo Austerlitz, Wagram e Jena. Ficou tão famoso, que seu esqueleto está no Museu Nacional do Exército, em Londres. Um a zero.

Do outro: Vizir — foi um presente do sultão do Império Otomano, Selim III. Ele participou das batalhas de Iena e Eylau, entre 1806 e 1807, contra os exércitos prussiano (alemão) e russo. Amigo fiel, Vizir acompanhou seu dono até no exílio temporário na ilha de Elba. Quando Bonaparte foi derrotado na fatídica Batalha de Waterloo, homem e animal foram separados e nunca mais se reencontraram. Triste... Foi empalhado e encontra-se no Museu das Forças Armadas, em Paris. Um a um.

Mas você sabia que todo esse enrosco por causa da cor do bicho se deve ao quadro *Napoleão cruzando os Alpes*, pintado por Jacques Louis David? A tela foi uma encomenda do rei da Espanha. O artista representou Napoleão todo estiloso, empinando um belíssimo garanhão branco e com os Alpes ao fundo. O soberano francês gostou tanto que pediu (mandou, né?) para o pintor fazer mais três versões da mesma obra. Só que agora tinha cavalo marrom, amarelado e cinza. O artista aproveitou o embalo e fez um pra ele também. Então foram CINCO versões desse famoso quadro.

Toda essa idealização era necessária como símbolo de uma nova era, ressaltando as virtudes militares do imperador. Porque, na real, especialistas afirmam que Napoleão saiu desse conflito galopando numa humilde mula.

E a resposta da pegadinha? Bom, quanto a isso, não tem segredo: se o cavalo é branco, a cor é BRANCA! O problema é saber se o cavalo era mesmo branco, se era uma mula... Ouvi dizer que feministas radicais francesas alegam que o tal animal tratava-se de uma égua! Eu é que não vou entrar nessa polêmica. *Au revoir*!

19

Freud só pensava em sexo?

Digamos que se a Dona Bela, aquela personagem da Escolinha do Professor Raimundo, batesse um papinho com o pai da psicanálise, reviraria os olhos e soltaria o bordão: "Ele só pensa... naquilo!". O austríaco Sigmund Freud tinha uma verdadeira obsessão pela sexualidade, tanto que sua primeira pesquisa foi sobre os órgãos sexuais das enguias!

Quando começou seus estudos sobre neuroses, levantou a questão de que o motivo seria o abuso sexual dos pais. Mas percebeu que estava viajando na maionese: como quase todo mundo é um pouquinho neurótico, teriam que existir bilhões de pais abusadores no planeta.

Ideias polêmicas como a de que as meninas têm inveja do bilau dos meninos, que os pequenos têm desejos e fantasias sexuais, e sobre o Complexo de Édipo (os moleques sentem tes... atração pela mãe e repulsa pelo pai) lhe renderam a fama de taradão.

Mas nem só de sexo vive o homem... Foi ele que mudou o conceito de que as histerias eram causadas por um problema físico: Hipócrates achava que tinha a ver com a circulação do sangue, e os medievais, que era coisa do demo. Freud disse que todo esse sofrimento vinha da cachola — do cérebro. E não era só um problema da mulherada como se supunha. A macharada também podia ficar histérica.

Então ele era um defensor das mulheres? Que nada. O cara é um considerado um supermachista. Além daquela invejinha do caolho, ele alardeava que elas eram castradas sexualmente, submissas e tinham uma vocação pro masoquismo (se você pensou naquela frase misógina — "mulher gosta de apanhar" — não passou longe do pensamento freudiano).

Você pode achar um absurdo, mas, apesar dos pesares, a teoria polêmica do sujeito foi um avanço. Como é?! Na época, se pensava que a mulher nem era capaz de ter desejo sexual. E a psicanálise nasceu pra tratar mulheres neuróticas como seres humanos, e não como loucas desvairadas, como era até então.

Longe de mim ser caguete, mas o homem tinha uma quedinha pelo pó branco. Dizia que a cocaína era um poderoso remédio contra a falta de vigor físico e mental. Chegou até a receitar pros seus pacientes. Mas a droga predileta do Sig era outra: tabaco. Ele não tirava o charuto da boca. Freud explica?

No livro *A interpretação dos sonhos* ele divide a mente em consciente, pré-consciente e inconsciente. Trocando em miúdos: lá no fundo da sua cuca você tá louca pra fazer algo, mas a sociedade, seu chefe chato ou o seu marido — mais chato ainda — não permitem ou concordam. Seu cérebro bloqueia esse desejo, mas você sonha com a tal coisa. Por isso ele dizia que os sonhos faziam sentido. Entendi...

Se você gosta de uma fofoca, se liga nessa: em 1890, uma paciente chamada Madame Benvenisti entrou na sala do médico, toda fogosa, dizendo que estava louca pra que aquele homem másculo analisasse a sua cabecinha. E acabou dando pra ele. Um divã! (Olha você entendendo errado...). Ela foi a responsável pela introdução desse móvel nos consultórios.

O médico era uma máquina de pensar. Conceitos como pulsão da morte, id, ego e superego o transformaram num dos pensadores mais influentes de todos os tempos. E o ato falho? Dele também. Como diria o Chaves: "Foi sem querer, querendo". Ou seja, nada é por acaso. Sabe quando você chama o seu namorado pelo nome do ex? É Freud!

A GUERRA DOS GATOS

Se você se atreveu a começar a ler este texto, vou te pedir um favor: não conte nada disto pra Luisa Mell. Nunca viu mais gorda? É aquela ativista defensora dos pets oprimidos. Como ela não vai poder interferir nesse caso (ocorreu em 525 a.C.), não vale a pena estressá-la. Combinado?

Quando falamos em animais participando de guerras, podemos imaginar cavalos, cães e até elefantes. Mas, apesar de soar estranho que os bichanos participaram e decidiram uma batalha, trata-se da pura verdade. Pelo menos é o que conta o autor macedônio Polieno no seu livro *Estratagemas*. O nome como ficou conhecido esse embate é Batalha de Pelúsio.

Você já deve ter ouvido falar dos persas, né? Na época dessa guerra, esses caras dominavam quase todo o Oriente Médio. Mas queriam expandir os seus domínios e influência (é sempre assim, já reparou?). Então decidiram avançar sobre a África. E a bola da vez era o Egito!

Tem outra: Amásis II, faraó que foi o grande responsável pela estabilização do país após um período de vacas magras, quis dar uma de esperto e acabou por botar tudo a perder. O rei persa Cambises II exigiu um casamento com a filha do faraó. Na tentativa de selar a paz entre os reinos, o egípcio cedeu a mão da filhota. Porém, enviou a filha do antigo faraó no lugar da sua. Quando Cambises descobriu a tramoia, ficou "p" da vida.

O tal do Amásis morreu logo depois, em 524 a.C., ou seja, deixou a batata quente na mão do sucessor, seu filho Psamético III. Esse foi o homem que liderou as tropas nesse conflito animal.

Quando o exército persa chegou na cidade de Pelúsio, contavam com um número maior de soldados, além de muito mais experientes em guerras. Mas, do outro lado, os egípcios também estavam confiantes, pois tinham uma fortaleza bem abastecida e um líder jovem e inspirador. E num primeiro momento isso foi suficiente pra conter a ofensiva dos invasores.

Foi aí que o chefão persa usou uma estratégia incomum. Sabendo da veneração dos egípcios pelos gatos, Cambises II mandou pintar a imagem de Bastet (deusa egípcia da fertilidade — aquela com cabeça de gato) nos escudos dos seus soldados. Depois ordenou aos seus homens pra recolherem todos os bichanos que encontrassem nos arredores. E usou os bolas de pelo como reféns. Prendeu os felinos junto aos seus guerreiros na linha de frente, prevendo que os egípcios relutariam em matar a bicharada temendo a ira da deusa.

Então apelou! Você já viu gato voando? Pois é. Segundo relatos, o insensível maioral persa usou alguns miaus como bala de canhão, quer dizer, de catapulta. Os persas lançavam os animaizinhos contra as muralhas da fortaleza! Quando os egípcios viram aquela chuva de pelos e patas, arregaram e bateram em retirada.

Essa adoração egípcia pelos gatos surgiu por um motivo: os ratos. Os egípcios eram agricultores de mão cheia. Porém, junto com a fartura de comida, chegavam as pragas. Milhares de roedores atacavam as plantações, destruindo o trampo de anos, além de levar doenças para as cidades. Como os cachorros já haviam sido domesticados e não resolviam a parada, quando os gatos surgiram foi uma espécie de milagre. Assim, uma pata lavava a outra: os homens perceberam que, se mantidos por perto, esses pequenos felinos salvariam a população local da fome e da peste. Os bichos, por sua vez, se ligaram que ficando junto aos humanos sempre rolava um rango.

Pra finalizar: salientando o que eu escrevi no início do texto, denúncias sobre essa selvageria para a Sociedade Protetora do Animais e ONGs afins não obterão sucesso. Parece que o crime já prescreveu...

21

ONDE FICA O QUINTO DOS INFERNOS?

Normalmente essa expressão é usada em duas ocasiões. 1- Xingamento. Por exemplo, num diálogo entre dois torcedores: Corinthiano — "O Palmeiras não tem mundial!" Palmeirense — "Vá pro quinto dos infernos!". E dependendo da ira do torcedor do Porco, o termo pode ir pro plural e vir acrescentado dum baita palavrão: "Vá pros quintos dos infernos, seu gambá filho de uma... gambá!". 2- Pra dizer que um lugar é muito longe: "Aquela mina é da hora, mas mora no quinto dos infernos!". Agora eu vou te bater a real: se você está no Brasil, está no quinto dos infernos! Calma... não fui eu que inventei isso. Há uma explicação histórica. Aliás, duas. Vamos a elas.

Origem no Brasil: em 1534, época em que o Brasil era uma colônia, Portugal instituiu o imposto de 20%, ou seja, 1/5 (um quinto) sobre todos os metais encontrados por aqui. No final do século 17, com a descoberta de minas de ouro na região de (prestenção agora) Minas Gerais (ocê entendeu agora o porquê do nome do estado?), uma multidão de gente começou a se deslocar pra lá em busca de fortuna. Foi o início do tal Ciclo do Ouro.

Entre 1700 e 1750, o minério retirado dessas minas correspondeu a metade da produção mundial. Ouro pra chuchu. Por isso, vinha neguinho de todo lugar pra tentar a sorte. Inclusive estrangeiros.

Mas os caras achavam um absurdo ter tanto trabalho pra dar uma boa parte pro rei português. Por isso havia muita sonegação e contrabando. Só que a nossa metrópole não dava moleza! Uma lei de 1733 proibia a abertura de estradas pra evitar o contrabando. Tem mais: todo o ouro encontrado tinha que ser entregue para as casas de fundição, onde era derretido, transformado em barras e levava o selo da Coroa portuguesa. Nessa os portugas já mordiam vintão!

Inclusive, é desse período outra expressão famosa: santo do pau oco. Os mineradores enfiavam o ouro em pó dentro das estátuas religiosas que estavam vazias por dentro pra não ter que pagar o tributo. Pra tudo dá-se um jeito, né?

Então vamos lá! Quinto era o nome dado ao imposto. E como todo mundo achava essa taxa intolerável, insuportável, ou seja, infernal, passaram a chamá-lo de quinto dos infernos.

Essa cobrança foi o principal motivo da revolta chamada Inconfidência Mineira, em 1789. Aquela do Tiradentes.

Origem em Portugal: o navio que partia de Portugal pra buscar esses 20% de ouro brasileiro era chamado de nau dos quintos. Quando essa embarcação vinha pro Brasil, aproveitava a viagem pra transportar os condenados à pena de exílio. Então, se não serve pra viver em Portugal, manda pro Brasil. E dessa maneira fomos sendo povoados por muita gente boa.

É isso aí. O cara foi banido e enviado pro Brasil — um lugar distante e degradante. Um verdadeiro inferno! Então, mandar alguém à nau dos quintos dos infernos ou simplesmente aos quintos dos infernos era enviar o sujeito ao nosso Brasil varonil. Assim se constrói um país...

ALEXANDRE ERA MESMO GRANDE?

De acordo com o estupendo livro grego *Questões Desimportantes* ele tinha 1,52 m de altura. Na mesma linha, o (in)significante ensaio *O IMC dos líderes mundiais* aponta que o homem tinha entre 1,52 m e 1,56 m. Infelizmente, os últimos exemplares desses clássicos da literatura mundial foram perdidos para sempre no incêndio da biblioteca de Alexandria...

Mas se o sujeito não era alto, por que era chamado de Grande? Vou fazer um brevíssimo resumo da vida desse cara e tenho certeza de que você vai entender.

Em 356 a.C. nasceu Alexandre Magno, filho de Olímpia e Felipe II, rei da Macedônia. Seu pai não poupou esforços na educação do pimpolho. Mandou trazer da Grécia nada menos que Aristóteles — isso mesmo, o filósofo — pra ser seu professor. É mole? Dos 13 aos 16 anos ele recebeu os ensinamentos desse ilustre pensador.

Quando tinha 20 anos, seu pai foi assassinado. Ele foi um dos suspeitos do crime, tendo em vista que poderia ser o sucessor. Porém, pra assumir o trono, teve que entrar em um confronto sangrento com seus meios-irmãos e primos. E venceu.

Mas foi só o velho bater as botas que as regiões conquistadas começaram a se rebelar. Não queriam mais se curvar à Macedônia. Só que o Alê (para os mais chegados) herdou o exército mais poderoso da época. E também se mostrou implacável: a cidade-Estado Tebas que o diga! O novo soberano mandou destruir tudo. Seus habitantes foram mortos ou escravizados. Serviu de exemplo.

Depois de sufocar todas as revoltas, ele decidiu dar um passo maior. Bem maior! O plano era invadir o Império Persa. Aí o buraco era mais embaixo. Os poderosos persas, governados pelo rei Dario III, não iriam abaixar a cabeça pra esse jovem. Não sem luta. Mas o tal jovem, montado em seu cavalo Bucéfalo, foi vencendo batalha após batalha até botar o rei persa pra correr.

Por falar em Bucéfalo, esse cavalo foi oferecido ao pai de Alexandre como um presente, mas ninguém conseguia montá-lo. O animal era enorme e arisco. Felipe desistiu da empreitada, mas Alexandre apostou que conseguiria domar o garanhão. Percebeu que o problema é que ele tinha medo da própria sombra, então o colocou de frente pro sol e pulou no lombo do bicho. Eita moleque danado!

Depois de desbancar o tal do Dario, Alexandre III da Macedônia resolveu dar um pulinho até o Egito. E lá foi recebido como libertador do domínio persa. Virou faraó!

Então agora ele era rei da Macedônia e da Pérsia e faraó. Legal! Estava satisfeito? Não! O homem foi picado pelo bichinho da conquista. Não queria mais parar. Em 327 a.C. ele convocou suas tropas e seguiu em direção à Índia. Mas os soldados já estavam de saco cheio e com razão: oito anos acompanhando o baixinho numa das mais bem-sucedidas campanhas militares da história. Chega! Fizeram greve. O conquistador cedeu. Deu meia-volta e foi pra casa.

Bom, ele tinha um império pra administrar. Mas essa não era a vibe dele. Então deixou as províncias se autogovernarem. Estava morando na Babilônia e, pra passar o tempo, promovia uns banquetes regados a muuuito vinho. Há relatos de convidados que morreram de tanto beber nesses rega-bofes alexandrinos. Inclusive ele! Quer dizer, é uma possibilidade. Estava tomando todas e chegou uma hora que o corpo não aguentou. Mas pode ser que tenha contraído malária ou alguma outra doença semelhante. Foi comer capim pela raiz um pouco antes de completar 33 anos.

Estrategista, arrojado, nunca tendo perdido uma batalha sequer, mesmo tendo lutado muitas delas em menor número, ele é considerado um dos maiores líderes militares da Antiguidade.

Em tempo: ele ainda foi o responsável pela expressão "desatar o nó górdio". Pra encurtar a história, era um nó impossível de ser desfeito. O oráculo havia profetizado que quem desatasse essa amarração governaria toda a Ásia. Haviam passado 500 anos sem que ninguém solucionasse esse enrosco. Após muito analisar, Alexandre desembainhou sua espada e cortou o nó. Ou seja, resolveu uma parada complicada de maneira simples e eficaz. Grande Alexandre!

23

TODOS OS CAMINHOS LEVAM A ROMA?

Outro dia ouvi um diálogo num terminal de ônibus, mais ou menos assim: Usuário (do transporte coletivo, que fique claro) — "E aí, mano. Qual desses buzão passa lá na Praça 8?" Fiscal — "Qualquer um desses. Todos os caminhos levam a Roma!" Usuário — "Não é Roma não, maluco. É Praça 8!". Foi aí que eu achei que seria interessante escrever um texto sobre essa expressão.

Mas pra entender a frase, precisamos voltar no tempo, até a época da antiga Roma. Em 509 a.C. a monarquia foi pro beleléu — Roma virou uma república. Mas uma coisa não mudou: o desejo de conquistar e expandir seus territórios. Pra quê? Obter gêneros pra abastecer a cidade, escravos, e evitar as ameaças de invasões dos outros povos da região — tipo conquistar pra não ser conquistado, manja? Nessa toada, dominaram quase toda a Itália. Pararam por aí? Não.

De guerra em guerra foram expandindo os seus territórios: Península Ibérica (Portugal e Espanha), o norte da África, Grécia, Ásia Menor (Turquia), e por aí vai. Tá. Mas e depois pra transportar os espólios de guerra pra casa? Algum iluminado teve a sacada (não me pergunte quem): estradas!

Então os caras começaram a construir uma rede de estradas pra ligar Roma a todas essas regiões conquistadas. Além do transporte das cargas, o deslocamento das tropas do exército ficou mais rápido. Agora eu vou te contar uma coisa que você não faz ideia. Senta aí. Naquele tempo não havia telefone! Tô falando sério. Uma ordem do governo que precisasse ser repassada poderia demorar muito tempo até chegar aos locais mais distantes. As estradas foram fundamentais nisso também — viraram um excelente meio de comunicação. Era office-boy rodando pra cima e pra baixo o dia todo. Esse correio ou telefone sem fio era tão eficiente, que podia percorrer 270 quilômetros num só dia!

E não era qualquer viela! Já existiam estradas no mundo, mas as romanas eram verdadeiros prodígios para a engenharia da época. As vias passavam por cima de lagos, pântanos, montanhas, shopping centers... E as pedras utilizadas tinham superfícies curvas pra facilitar a drenagem. Também havia postos de parada e descanso. Não há informações sobre pedágios...

Em 27 a.C., Roma mudou a forma de governo de novo: agora foi de república pra império. Mas o número de conquistas e estradas não parou de aumentar. Em 117 d.C., quando o Império ia da Bretanha (Inglaterra) até a Pérsia (Irã), havia cerca de 80 mil quilômetros de estradas. É rua pra dedéu!

Olha só: de qualquer um desses lugares que o sujeito estivesse, tinha um caminho pra Roma. Assim, quando você quiser dizer que todas as alternativas levam pro mesmo lugar ou têm o mesmo resultado, pode usar esse ditado. Captou?

Mas 476 d.C. foi o fim da linha. Com a queda do Império Romano, a maior parte dessas estradas foram abandonadas ou destruídas. No Oriente Médio e na África, o transporte era na base do camelo, em vez de carroças. E os bárbaros que derrotaram os romanos não estavam nem aí com a manutenção da infraestrutura dessas vias, pelo contrário, arrancavam as pedras pra construir as suas casas. Que barbaridade!

Quem foi o homem mais rico de todos os tempos?

Bill Gates? Não. Elon Musk? Não. Sílvio Santos? NÃO! Eu pesquisei em diversas publicações especializadas em money como *The Economist*, *Forbes*, revista *Caras*... o ranking dos top 10 mais endinheirados do planeta na história. Em TODAS elas o primeirão é um tal de Mansa Musa. Então vem comigo e vamos saber um pouco mais sobre esse Tio Patinhas africano.

Em 1312, Musa Keita assumiu o trono do Império do Mali. Aí foi que virou Mansa — rei. Até então ele era o vice-rei. Mas o Mansa do momento foi dar uma voltinha pelo Atlântico em busca de novos territórios e nunca mais voltou. Bom pro Musa.

Quando ele tomou posse, o Mali já era uma potência financeira e compreendia o que seriam os países de Senegal, Gâmbia, Costa do Marfim e Burkina Fasso. Mas ele expandiu os territórios do império anexando uma cidadezinha aqui e outra acolá e fez com que a economia do reino atingisse o seu auge. Segundo fontes não confiáveis, as bolsas de valores de todo o mundo bateram recordes de alta nessa época.

Mas de onde vinha tanta riqueza? Recursos naturais. Sendo mais claro, sal e ouro. O Império do Mali produzia mais da metade de todo o sal do mundo e isso dava um poder enorme ao monarca na hora da negociação. Num tempo em que não havia geladeira, o sal era essencial pra preservar os alimentos. Podia não ser nenhuma Brastemp, mas resolvia.

Quanto ao ouro... Além de ter pra dar e vender, o universo também conspirou a favor, pois justamente nesse período o mundo passava por um momento de alta demanda por esse metal. Detalhe: quando um fulano encontrava uma pepita, tinha que retribuir no mesmo valor financeiro pro nosso amigo trilhardário. Bobo ele, né?

E dessa forma ele foi enchendo os bolsos. Pra você ter uma ideia de quanta grana esse cara tinha, em 1314, como bom muçulmano que era, foi visitar a cidade de Meca, e a sua luxuosa caravana tinha mais de 60 mil homens e levava na bagagem 5 toneladas de ouro! No caminho, ele ia distribuindo aos pobres. Mas quando resolveu fazer um pit-stop no Cairo, doou tanto, mas tanto, que levou o Egito a uma crise inflacionária que demorou anos pra economia local voltar ao normal. Nem com o Banco Central egípcio aumentando a taxa Selic as coisas melhoraram...

Em 1337, mesmo cheio da moeda, não teve jeito, foi pra cucuia. Mas deixou um legado legal: construiu escolas, mesquitas, bibliotecas, museus e até uma universidade. Boa, garoto!

Mumu do Mali, como era conhecido nas rodas de samba, era tão rico, que é quase impossível definir sua fortuna. Economistas e historiadores chutam que, em valores reajustados pela inflação, o africano abonado teria por volta de 3 trilhões de dólares na conta. Dava pra pagar todas as minhas dívidas e ainda sobrava uma merreca.

Um trocadilho pra encerrar — sem graça, mas irresistível: você acha que com toda essa bufunfa o Mansa Musa tinha uma vida mansa?

25

Por que Van Gogh cortou a orelha?

Antes de falarmos do decepamento da aba do pintor holandês, é bom saber que esse cara é considerado um dos maiores artistas da História. Mas, em vida, só vendeu um quadro! Ou seja, só ficou famosão depois que esticou as canelas. Vincent Van Gogh foi um gênio do pós-impressionismo. Agora lascou? Calma, eu explico. Foi um movimento artístico que veio depois do impressionismo... Tá bom, vou melhorar. No final do século 19, alguns artistas começaram a pintar valorizando mais as emoções e sentimentos, deixando um pouco de lado aquela rigidez acadêmica. Valeu?

Em 1886, o pintor foi morar em Paris. E foi lá que conheceu a sua cara metade artística: Paul Gauguin. Como compartilhavam os mesmos interesses: pinturas, bebidas e put... bordéis, dois anos depois resolveram morar juntos. Enfim sós. Mas, como dizem, namorar é uma coisa, casar é outra... Cala-te boca!

Os dois discutiam por tudo e por nada. Dizem que Gauguin era organizado, e o outro, bagunceiro. Bastaram dois meses debaixo do mesmo teto pra que essa amizade colorida fosse pro espaço. E a orelha do Van Gogh também.

Numa discussão num café da cidade de Arles, onde estavam morando, os dois pombinhos saíram separados. Van Gogh foi pra casa e Gauguin pra um hotel. Sozinho, o pintor arrancou a própria orelha com uma navalha. Por quê? Acho que você percebeu que dei algumas dicas da minha opinião. Olha o babado: eu acredito que os dois tinham um relacionamento homossexual. Assim, depois de um bate-boca mais sério, o artista teve um surto e cortou o escutador de ópera. Por causa de uma briguinha com o bofe?! Ele tinha problemas psíquicos — esquizofrenia, depressão e sei lá mais o quê — e de alcoolismo, então...

E depois que cortou a orelha esquerda, olha o que ele fez: enrolou o pedaço de carne em um pano e levou pra uma amiga chamada Rachel — uns dizem que era uma prostituta, outros que era a faxineira da Casa da Luz Vermelha. A sorte do pintor foi que a mulher que recebeu o presentinho bizarro ligou pra polícia. Quando chegaram, ele estava em casa deitado. Foi socorrido e depois internado em um hospício. Era 23 de dezembro de 1888.

Em outra teoria, quem teria dado o golpe final na "zoreba" do Van Gogh teria sido o Gauguin! Durante um arranca-rabo, ele pegou a arma e golpeou o parceiro. Porém, por medo de que seu boy fosse preso, a vítima nunca contou nada. Deixou pistas em cartas, mas nada conclusivo. Certo mesmo é que nunca mais se viram.

Mas se tinham um caso, ninguém tem nada a ver com isso, né? Eu até já ouvi falar que essa briga foi por causa de um rabo de saia. Seria a tal Rachel? E por isso ele foi levar a orelha pra ela? Vai saber...

Depois de toda essa desgraça, o homem ainda continuou pintando. Um de seus quadros mais famosos é de 1889 — *A noite estrelada*. E também algumas telas da série *Girassóis* (ele tinha obsessão pela flor).

E tem mais um mistério: oficialmente, em 1890, morreu por complicações de uma tentativa de suicídio. Atirou no peito. Noutra versão, tomou um tiro acidental dado por um menino que "brincava" com uma arma. De novo, pra proteger o moleque, ficou de boca fechada.

Conclusão: em toda essa história, podemos ter certeza somente de que ele morreu, não tinha uma orelha e que era um artista fenomenal. Ah... e que sabia guardar segredos como ninguém.

Foi um chinês que descobriu o Brasil?

Isso é o que diz o cartógrafo e ex-oficial da Marinha Britânica Gavin Menzies no livro *1421: o ano em que a China descobriu o mundo*. Eu espero que ninguém venha com aquele discurso politicamente correto de que não houve descobrimento nenhum porque os povos originários já habitavam a região e blá-blá-blá... Ora, o que eu quero saber é qual foi o sujeito que pisou por aqui depois dos índios!

Nem preciso dizer que pela história oficial foi o Pedro Álvares Cabral que avistou a Ilha de Vera Cruz (Brasil) em 22 de abril de 1500. Que a expedição do português zarpou de Lisboa com 13 embarcações e mais ou menos 1.200 homens você já sabe. Que o desembarque em terra e o contato com os nativos, na costa da Bahia, ocorreu só no dia seguinte, te ensinaram na escola. E que o escrivão da frota era o Pero Vaz de Caminha e que ele escreveu que os índios "eram pardos, todos nus, sem coisa alguma que lhes cobrisse as suas vergonhas" tá decorado. Então, quanto a isso, não vou me pronunciar.

Em outras versões, Cabral não foi o primeiro portuga a botar o pé em solo brazuca. Um tal de Duarte Pacheco Pereira, navegador militar, teria chegado antes, numa expedição secreta pra reconhecer a marcação do Tratado de Tordesilhas — acordo em que Espanha e Portugal dividiam a América do Sul.

Outro possível descobridor foi o espanhol Pinzón. De acordo com o seu diário, ele desembarcou em um local que chamou de Santa Maria de la Consolación em 26 de janeiro de 1500 na região de

Pernambuco. Por que não ficou então? Parece que teve um conflito brabo com os índios potiguaras. E tinha a questão do Tratado: esse lado era de Portugal.

Voltando ao livro, o escritor inglês jura de pés juntos que um sujeitinho de olhos puxados esteve no Brasil antes de todos esses europeus. Na verdade, na América! Sobrou até pro Colombo...

De acordo com essa hipótese, o imperador chinês da época deu ao comandante Zheng He a missão de ir até o fim do mundo coletar tributos dos bárbaros espalhados pelo mar. Assim, içaram velas, levantaram âncoras e se mandaram com seus navios gigantescos de até 146 metros (as caravelas e naus portuguesas chegavam a 35 metros, se tanto). Nesse tour mundial, dois almirantes — Zhou Man e Hong Bao — teriam chegado ao Novo Mundo em 1421. Maluquice? Nem tanto... Na Idade Média, a China era muito mais avançada tecnologicamente que a Europa.

Tá. Chegaram e fizeram o quê? A tese é que o inhame e o coco que os indígenas plantavam e as galinhas que criavam foram trazidos pelos chineses. Os europeus que vieram depois não se deram conta disso. Sei... Tem mais: exames de DNA sugerem o parentesco dos chineses com índios brasileiros e com os maoris (pois é, foram bater lá na Nova Zelândia e Austrália também).

Em 1423 voltaram pra casa. Quer dizer, alguns navios, pois a maior parte da frota naufragou — destroços foram encontrados no litoral do Peru. Mas não foram recebidos com glórias. O imperador havia abotoado o paletó de madeira. Seu filho assumiu o posto, mas estava influenciado por uns caras (mandarins) que tinham ideias totalmente opostas às do governo anterior. As fronteiras foram fechadas e a indústria naval foi desmontada. O filho pródigo mandou eliminar todos os documentos do período em que o "papi" foi o soberano.

Pra não dizer que não sobrou nada, o escritor conta que uma cópia do mapa-múndi feito pelos cartógrafos reais teria sido passada de mão em mão até chegar à Europa. Ou seja, os espertos portugueses e espanhóis já tinham um mapa quando embarcaram na conquista dos mares.

O livro virou um best-seller mundial e, logo após o seu lançamento, em 2002, dizem que era possível ver nas ruas de Pequim alguns patriotas chineses mais eufóricos desfilando com camisetas com a inscrição "in Gavin Menzies we trust"*. E você?

*Tradução quase simultânea: "em Gavin Menzies nós acreditamos".

27

Profissão: Eunuco

Parece brincadeira, mas não é. Tinha sujeito que ganhava a vida porque não tinha o órgão genital. Hein?! Na verdade, ele era retirado. E existiam dois tipos de castração: arrancar só os testículos ou o pacote completo — pênis e *balls*. Vou dar uma pausa para os leitores homens se recomporem...

A profissão de eunuco não existia por si só, mas era uma condição física exigida pra exercer certas funções. Talvez a mais conhecida delas seja a daquele cara que ficava de guarda nos haréns — o local onde habitavam as esposas e concubinas do sultão. A origem do nome vem do grego *eunoukhos*, e a tradução já diz tudo: guardião da cama.

E pra realizar esse trampo, o sultão não abria mão: ficar perto da mulherada, só se não tivesse bilau! Esses pobres coitados eram escravos e já entravam na faca antes mesmo de serem vendidos. Depois da cirurgia, hemorragias e infecções eram comuns e isso matou muita gente.

Além do Oriente Médio, existiram eunucos em diversas civilizações e épocas. Tinha até uns malucos que arrancavam o membro fora por conta própria! Eram os chineses. Em 1540, houve um "concurso" pra 3 mil vagas de eunuco. Eu não li o edital, mas com certeza um dos requisitos era o pacote completo — na China era assim: não queriam que ficasse nenhum resquício do falecido. E adivinha? Apareceram 20 mil candidatos! Pra arrumar uma boquinha no palácio imperial, davam adeus pra minhoca. Deviam viver numa miséria terrível...

Muitos eunucos alcançaram altos cargos por estar tão próximos dos governantes e pela crença de que, por não terem descendentes pra deixar herança, seriam menos ambiciosos e corruptos. Será?

Se engana quem pensa que no Ocidente não rolou esse tipo de coisa. Você já ouviu falar dos Castrati? Eram cantores de ópera que fizeram um tremendo sucesso na Itália nos séculos 17 e 18. Retiravam os testículos desses carinhas quando ainda eram garotos, pra que mantivessem a voz aguda. Tudo isso pra suprir a falta da mulherada, pois a Igreja Católica tinha proibido que elas se apresentassem em público. Senhor, tende piedade de nós!

Em algumas sociedades antigas, estupradores, homossexuais e adúlteros eram punidos com a castração pra que não cometessem mais esse tipo de ato. Porém, se tivessem somente os testículos arrancados, a pipa desses sujeitos ainda poderia subir, caso a cirurgia fosse feita após a puberdade. É que a partir desse período, o hormônio fundamental da ereção, a testosterona, passa a ser fabricado nas glândulas suprarrenais. Como vivi até hoje sem saber disso é um mistério...

Caro leitor, aquela questão dos capados serem menos corruptos não sai da minha cabeça. Já pensou se a moda pega por aqui? E você? Pra conseguir um carguinho comissionado no Estado se sujeitaria a virar um eunuco? Eu, nunca!

QUEM ERA CHAMADO DE FLAGELO DE DEUS?

O nome do sujeito era Átila e ele pertencia ao povo huno. Daí, Átila, o Huno. Mas ninguém que o encontrava cavalgando pelas estepes da Ásia dizia: "E aí, Flagelo! Firmeza? Como vão as esposas?". Ele ganhou esse apelido gracioso por causa do estrago que causava ao Império Romano.

Os hunos eram uns daqueles povos que os romanos chamavam de bárbaros. Bem, pra gregos e baianos, ops, romanos, todos aqueles que não partilhavam seus idiomas e culturas eram bárbaros.

Com a extensão do Império e a dificuldade de proteger as fronteiras, várias tribos (francos, vândalos, corinthianos etc.) realizavam ataques nas margens do reino. A coisa estava tão feia, que o imperador Diocleciano teve que inventar: "Vou botar quatro caras pra me ajudar nesse trampo". Era a Tetrarquia. Isso foi no ano de 293. Essa brincadeira durou 20 anos.

Em 305, quem assume o trono é Constantino. A divisão agora é em duas partes: Ocidente — capital em Roma, e Oriente — capital em Bizâncio. Mas as invasões continuavam. Como o risco era maior na parte ocidental, o ligeiro imperador se mandou pra Bizâncio. E, de cara, já botou seu nome na cidade: virou Constantinopla.

E o Átila nessa? Calma, tá chegando. Bem ou mal, os romanos conseguiam conter os avanços das outras tribos, mas com os hunos o buraco era mais embaixo. Eles eram os bárbaros que botavam os outros bárbaros pra correr. Viviam dos saques, resgates e cobrança por proteção. Em 434, após a morte do tio, Átila e seu mano Bleda assumem a liderança.

Em 441, o imperador Teodósio quis dar uma de esperto e deixou de pagar os tributos combinados com os hunos pra que não fossem atacados. Pra que mexer com quem tá quieto, né? Átila trotou sobre os territórios romanos a caminho de Constantinopla, tocando o terror por onde passava. O ataque a uma região da Sérvia em 443 foi devastador. Oito anos depois o cheiro de morte ainda era tão forte, que ninguém conseguia entrar na cidade. Conclusão: o imperador teve que pagar os atrasados. Com juros corrigidos pela inflação, claro.

Por essas e outras, o "Flagelo" costumava se gabar de que, por onde seu cavalo passava, não crescia mais grama.

Em 445, o irmão do sanguinolento foi pra terra dos pés juntos. Alguns cochicharam que ele foi o responsável. Queria ver falar na cara!

Em 450, o malvado recebe uma carta de Honória — a irmã do imperador do momento, um tal de Valentiano. A mulher pedia ajuda ao vilão, pois estava noiva de um senador contra a sua vontade (segundo a revista *Fofocas do Império*, o mordomo Eugênio, seu amante, foi morto a mando do imperador). Pra certificar que ela era a remetente da carta, enviou junto seu anel. Ferrou! O desalmado entendeu que ela queria casar-se com ele.

Agora ele queria a metade do Império. Mesmo com o imperador se recusando a ceder a mão da princesa, ele reuniu seu exército e foi em busca do que julgava ser seu. Só que dessa vez se lascou. Os romanos contavam com o apoio de vários povos bárbaros e infligiram a sua primeira e única derrota. Foi na Batalha dos Campos Catalúnicos, na Gália — atual França.

Porém, o guerreiro não era de desistir. Algum tempo depois ele seguiu em direção à capital Roma. Pelo caminho, sangue e lágrimas. Parecia que nada iria detê-lo dessa vez. Quando já estava no norte da Itália, o desesperado imperador enviou o papa Leão I ao seu encontro. Após um bate-papo entre os dois, o destruidor deu meia-volta. Intervenção divina? É mais provável que Sua Santidade tenha oferecido uma montanha de ouro pro bruto abortar a matança.

Dizem que tinha hábitos simples. Nos banquetes realizados pra bebemorar as vitórias, enquanto todos usavam taças de prata, ele tomava seu suco de cevada numa xícara de madeira.

Em 453, como o casamento com Honória não saía, juntou os trapos com outra. Deu uma festança: comida e bebida a rodo, música boa... Tomou todas. Na manhã seguinte, como o chefe não levantava, foram chamá-lo. Estava dormindo o sono eterno. E com o nariz ensanguentado. Foi envenenado pela esposa? Morreu afogado no próprio sangue? Ou a noite de núpcias foi tão *caliente*, que o bárbaro não aguentou o tranco? Mistério...

POR QUE A ESFINGE DE GIZÉ NÃO TEM NARIZ?

É impossível que você não tenha reparado: sempre que aparece uma foto desse famoso monumento, a falta da napa chama a atenção. Você já se perguntou por quê? Não? Bom, eu vou responder assim mesmo, tá? Mas existem outros mistérios que envolvem essa estátua com corpo de leão e cabeça de homem.

A Grande Esfinge de Gizé impressiona: tem 72 metros de comprimento e 20 metros de altura. Porém, o corpo ficou enterrado na areia por séculos. Só aparecia a cabeçona. Somente a partir da década de 1920 é que começaram a desenterrar a parte do leão. Aí começou a dar mer... A escultura, que estava protegida pela areia do deserto, começou a erodir sob os ventos e a umidade do ar.

Essa criatura de pedra teria sido esculpida há 4.500 anos por ordem do faraó Quéfren. A hipótese mais aceita é que represente o deus Ruti, guardião do mundo inferior. Mas a fuça do bicho foi inspirada no rosto do Quéfren. E o objetivo era proteger as pirâmides — as tumbas dos faraós (tá certo que não encontraram nenhum corpinho lá dentro até agora, mas a maioria dos arqueólogos batem o pé dizendo que eram túmulos). Existe até uma inscrição na boca da esfinge ameaçando fazer picadinho de quem se atrever a violar o local. Não com essas palavras.

Tem outra: alguns pesquisadores sugerem que o monumento tenha sido construído há cerca de 10 mil anos a.C., baseados na análise do calcário e sinais de erosão provocados pela água. Ou seja, muito antes de qualquer faraó conhecido. Lascou. Já vão falar dos extraterrestres de novo. Pelo amor de Rá!

E o nariz? Teorias não faltam. Por muito tempo, historiadores alegavam que as tropas de Napoleão Bonaparte seriam as responsáveis pelo estrago. Na invasão do Egito em 1798, o comandante teria ordenado um tiro de canhão na direção da cara da escultura gigante. Nada a ver. Desenhos feitos em 1737 já ilustravam a estátua sem o narigão.

Um outro historiador do século 15, um tal de Al-Maqrizi, atribui a perda da venta ao vandalismo. Segundo o Al, um fanático religioso muçulmano chamado Muhammad Sa'im al-Dahr, ao ver camponeses deixando oferendas à esfinge na esperança de aumentar suas colheitas, ficou nervosinho e causou o estrago.

A versão mais atual é a de que, entre os séculos 16 e 17, cristãos coptas (egípcios que adotaram o cristianismo) ou os otomanos tenham cortado fora essa parte da esfinge, mas não por acaso. No Egito antigo os ladrões tinham o nariz extirpado como forma de punição. E também servia pra quem batesse o olho no sujeito já saber que se tratava de um gatuno. Com o tempo, os egípcios e também alguns povos invasores passaram a mutilar estátuas assim como forma de, simbolicamente, tirar a honra de uma pessoa.

E existem outras explicações menos cotadas: soldados de uma milícia turco-egípcia usaram a obra como alvo pra calibrar os seus canhões; desgaste inevitável pela ação do tempo; um raio caiu bem no focinho da imagem… "Decifra-me ou te devoro." Opa, essa fala é de outra esfinge — de Tebas. *Sorry*.

P.S.: Curioso sobre a mensagem na boca da esfinge? Toma lá: "Eu protejo a capela do teu túmulo. Eu guardo tua câmara mortuária. Eu mantenho os intrusos afastados. Eu jogo os inimigos no chão com suas próprias armas. Eu expulso o perverso da capela do sepulcro. Eu destruo os teus adversários em seus esconderijos, bloqueando-os para que não possam mais sair". Eu, hein?! Tô fora!!!

COMO SURGIU O BIG BROTHER?

Pensou que eu ia falar do programa da TV? Desculpe a trollagem, mas a causa é nobre. O foco aqui é o livro *1984* do escritor George Orwell. Afinal, como diria um ex-BBB: ler "também" é cultura.

Porém, pra você não ficar chupando o dedo, lá vai: em 1999 foi exibida a primeira edição do programa na Holanda. Acho que todos já sabem que se trata de um reality show onde durante mais ou menos três meses uma cambada de gente fica confinada dentro de uma mansão sem fazer p... nenhuma! Não pode acessar a internet, assistir televisão, ouvir rádio... se ler, então, é pena de morte. Intrigas e fofocas estão liberadas. Aline Cristina que o diga! Eu não assisto o BBB, mas dizem que essa mina é considerada a maior Fifi de todos os tempos.

O nome do programa foi inspirado no personagem (ou entidade) mais sinistro do livro, o Grande Irmão — o líder máximo. Por quê? No Estado autoritário criado por Orwell existiam câmeras (chamadas no livro de teletelas) espalhadas em todos os cantos, desde lugares públicos até dentro das casas. Privacidade zero. Tá trabalhando, estão te monitorando; tá dormindo, estão te olhando; tá no banheiro, estão... PQP, aí já é demais! Alguma semelhança com o reality?

A história tem Londres como cenário — na fictícia Oceânia. Tudo gira em torno do Brotherzão que assumiu o poder do planeta depois de uma guerra mundial. O livro é uma espetacular distopia. Disto... quê? É de comer? Se você der um Google certamente vai encontrar a explicação. Mas eu vou tentar te esclarecer de uma maneira mais divertida. Bora lá?

A utopia é uma coisa fora da realidade, impraticável, mas do lado do bem. Distopia é o oposto. Exemplos:

Utopia: quando um garoto esperto assiste a um vídeo da Anitta no YouTube e pensa: "Ainda pego essa mina". Nesse momento, automaticamente, o contato dela já ficaria salvo no celular dele. Impossível. Muito improvável. Mas é uma coisa boa. Pra ele. Eu acho. Sei lá!

Distopia: pra ficar no exemplo da Anitta: o Estado impõe uma regra em que todos os equipamentos eletrônicos sairiam de fábrica com uma espécie de sensor. Ao assistir o vídeo da cantora (?) rebolando e cantando (??), esse dispositivo detectaria qualquer sensação estranha (sabe o que estou querendo dizer, né?) que o garotão venha a ter. E então o aparelho (TV, celular etc.) desligaria imediatamente, só voltando a funcionar após os "ânimos" se acalmarem. Impossível. Muito improvável. Mas é uma coisa ruim. Pra ele. Eu acho. Sei lá!

Agora pense em situações parecidas com essa amplificadas na sociedade toda. Deu pra sacar? Voltando... O livro é uma crítica ao totalitarismo. O Estado oprimia física e mentalmente o povo, chegando ao absurdo de instituir uma Polícia das Ideias que fiscalizava o pensamento das pessoas. E tem mais: as relações amorosas estavam proibidas. Aí não, pô!

Mas o personagem principal, Winston Smith, que trabalha no Ministério da Verdade falsificando documentos históricos (fake news?!) se rebela contra essa tirania, então... Então nada. Chega de contar senão você não lê o livro. Não vai ler de qualquer jeito? Te mando pro paredão. Assiste ao filme pelo menos... Também não? Tá eliminado!

Agora vou pro confessionário pra te contar um segredo: o título do livro é uma inversão da data em que foi escrito: 1948. Fui!

REFERÊNCIAS

FREUD, Sigmund. *A interpretação dos sonhos*. São Paulo: Lafonte, 2003.

HOMERO. *Ilíada*. Rio de Janeiro: Nova Fronteira, 2011.

HOMERO. *Odisseia*. Rio de Janeiro: Nova Fronteira, 2011.

MENZIES, Gavin. *1421*: o ano em que a China descobriu o mundo. Rio de Janeiro: Bertrand Brasil, 2006.

ORWELL, George. *1984*. São Paulo: Companhia das Letras, 2009.

POLIENO. *Estratagemas*. Madrid: Editorial Gredos, 1991.